Hallo liebe Schülerin, lieber Schüler,
herzlich willkommen im zweiten Heft zum Üben auf Klassenarbeiten und mündliche Prüfungen!
Wie du mit dem Heft arbeitest, weißt du schon aus Heft 1. Ein paar **neue Dinge** sind dazu gekommen, lies dir also das Vorwort genau durch und sei gespannt auf die Übungen.
Keine Bange: Ich unterstütze dich dabei mit vielen **Lerntipps!**

Jede Unité besteht aus folgenden Teilen:

1. Einem Übungsteil

Révisions: Hier kannst du überprüfen, was du noch vom letzten Jahr weißt. Du wirst sehen: Du hast schon eine gute Basis für das zweite Jahr.

Ecouter: Hier übst du, Hörtexte zunächst als Ganzes (= global) zu verstehen, beim nochmaligen Hören Einzelheiten (= Details) zu erfassen und gezielt Informationen zu entnehmen.

Regarder une vidéo: Hier siehst du dir ein Video an und lernst, durch gleichzeitiges Hören und Sehen möglichst viele Informationen zu erfassen.

Lire: Bei diesen Aufgaben lernst du, einen Lesetext zu verstehen, das unbekannte Vokabular zu erschließen und Verständnisaufgaben zu bearbeiten.

Ecrire: Hier zeigst du, wie kreativ du bist: Mithilfe von Bildern und einer kurzen Situationsbeschreibung übst du, eigene Texte zu schreiben. Manchmal helfen dir dabei noch Wörter oder Satzelemente.

Médiation: Mit deinen Französischkenntnissen kannst du auch anderen weiterhelfen. Du gibst die wichtigsten Informationen eines französischen Textes, z. B. einer Internetseite, für deine Freunde oder Eltern, die kein Französisch sprechen, auf Deutsch wieder. Umgekehrt machst du dasselbe: Wenn deine französischen Freunde einen deutschen Text nicht verstehen, kannst du ihnen die Informationen auf Französisch wiedergeben.

Parler: Hier übst du, Gespräche zu führen. Grundlage ist der „On dit"-Kasten des Schülerbuches. Die Monologe oder Dialoge sprichst du frei, bei Dialogen oder Rollenspielen mit einem Partner.
Neu in Heft 2 ist, dass diese Übungen in einer besonderen Form angeboten werden: Du kannst gesprochene Musterlösungen anhören und in den Pausen nachsprechen. Dies kannst du so oft du möchtest wiederholen. Eine gute Übung für eine korrekte Aussprache und für eine mündliche Klassenarbeit!

En forme: In diesen Aufgaben übst du die neuen grammatischen Formen und Strukturen einer Unité.

Les mots et les lettres: Hier wiederholst du den neuen Wortschatz einer Unité und übst, ihn im Zusammenhang anzuwenden.

Jeu de mots: Hier wird spielerisch mit neuen Wörtern umgegangen.

La langue dans son contexte: In diesem neuen Aufgabenformat trainierst du die Fähigkeit, dein Textverständnis zu verbessern und dadurch fehlende Wörter zu ergänzen.

2. Einer Klassenarbeit *(Interro)*

Die Klassenarbeit enthält Aufgaben zu den Teilkompetenzen: **Ecouter, Lire, Ecrire, Médiation** oder **Grammaire et Vocabulaire**, wobei jedes Mal eine andere Mischung angeboten wird.

Bzw. einer mündlichen Klassenarbeit
(Interro orale)

Es gibt auch eine mündliche Klassenarbeit, denn in vielen Bundesländern wird eine schriftliche Klassenarbeit durch eine mündliche Prüfung ersetzt. Auch darauf sollst du optimal vorbereitet sein.

CD-ROM

Audiomaterialien

Zu jeder Unité gibt es Hördokumente im mp3-Format.

Neu: Videomaterial

Es gibt ein authentisches Video im mp4-Format zu einem bekannten Thema.

Lösungen / Lösungsvorschläge *(Solutions)*

Du findest sie zu allen Aufgaben dieses Heftes. Sie stehen auch im Internet. Mehr dazu 7d8bw8

En plus – Différenciation

In jeder Unité gibt es zusätzliche Übungen, die dir helfen, je nach deinem momentanen Leistungsstand entweder in kleineren Schritten auf das geforderte Niveau zu kommen oder durch eine anspruchsvolle Aufgabenstellung schnellere Fortschritte zu machen.

Nun wünschen wir dir viel Freude und Erfolg bei der Arbeit mit diesem Heft!
Bon courage! *Moustique*

1	Hördokument; die Zahl gibt dir die Tracknummer an.
	Video auf der CD
	Partnerarbeit
→ En plus	Verweis auf Differenzierungsaufgaben auf der CD: △ einfachere Übung / Variante des Heftteils △ schwierigere Übung / Variante des Heftteils
(G 1)	Verweis auf den Grammatischen Anhang im Schülerbuch und auf das Grammatische Beiheft
	Materialien im Internet: Gib den Code in das Suchfeld auf www.klett.de ein.

Printteil

Révisions	En forme	4
	En forme /Ecrire	7
	En forme / Les mots et les lettres	7
Unité 1	Ecouter	8
	Lire	9
	Ecrire	10
	Parler	10
	Médiation	11
	En forme	11
	Les mots et les lettres	15
	Interro	16
Unité 2	Lire	18
	Ecrire	20
	Médiation	21
	Parler	22
	En forme	23
	Les mots et les lettres	24
	Interro	25
Unité 3	Ecouter	28
	Parler	29
	Lire	30
	Ecrire	31
	Médiation	32
	En forme	33
	Vis-à-vis / Les mots et les lettres	33
	Lire / En forme	34
	En forme	35
	Interro	36
Unité 4	Lire	38
	Ecrire	39
	Parler	40
	Médiation	41
	En forme	42
	Les mots et les lettres	45
	Interro orale	46
Unité 5	Regarder une vidéo	48
	Lire / Parler / En forme	50
	En forme	50
	Médiation	51
	En forme	52
	Jeu de mots	53
	Vis-à-vis / Jeu de mots	54
	Interro	55
Unité 6	Lire	58
	Ecrire	59
	Parler	59
	Médiation	60
	En forme	61
	En forme / Jeu de mots	63
	Les mots et les lettres	65
	Interro	66
Unité 7	Ecouter	68
	Ecrire	69
	Lire	70
	Médiation	71
	Parler	71
	En forme	72
	Les mots et les lettres	75
	Interro	76
Unité 8	Ecouter	78
	Lire	79
	Ecrire	80
	Médiation	81
	En forme	82
	Les mots et les lettres	84
	Interro	85
La langue dans son contexte	Zu Unité 1:	
	En forme / Les mots et les lettres	88
	Zu Unité 2:	
	En forme / Les mots et les lettres	89
	Zu Unité 3:	
	En forme / Les mots et les lettres	90
	Zu Unité 4:	
	En forme / Les mots et les lettres	91
	Zu Unité 5:	
	En forme / Les mots et les lettres	92
	Zu Unité 6:	
	En forme / Les mots et les lettres	93
	Zu Unité 7:	
	En forme / Les mots et les lettres	94
	Zu Unité 8:	
	En forme / Les mots et les lettres	95
Trackliste		96

CD-ROM (im Innenumschlag hinten)

Unité 1	Audiomaterialien	Track 1 - 5
	Textfassungen Ecouter / Parler	PDF
	Lösungen*	PDF
En plus	Ecrire △	PDF
	En forme △	PDF
	Les mots et les lettres	PDF
Unité 2	Audiomaterial	Track 6
	Textfassung Parler	PDF
	Lösungen*	PDF
En plus	Ecrire △	PDF
	Parler	PDF
	En forme / Jeu de mots	PDF
	En forme △	PDF
Unité 3	Audiomaterialien	Track 7 - 9
	Textfassungen Ecouter / Parler	PDF
	Lösungen*	PDF
En plus	Lire △	PDF
	Ecrire △	PDF
	Lire / En forme △	PDF
Unité 4	Audiomaterialien	Track 10 - 18
	Textfassungen Parler	PDF
	Lösungen*	PDF
En plus	Lire △	PDF
	En forme △	PDF
	En forme	PDF

Unité 5	Audiomaterial	Track 19
	Textfassung Parler	PDF
	Lösungen*	PDF
Video	Videomaterial	mp4
	Textfassung Video	PDF
En plus	Vis-à-vis / Ecrire	PDF
	En forme △	PDF
	En forme △	PDF
Unité 6	Audiomaterial	Track 20
	Textfassung Parler	PDF
	Lösungen*	PDF
En plus	En forme △	PDF
	Les mots et les lettres △	PDF
	Les mots et les lettres △	PDF
Unité 7	Audiomaterialien	Track 21 - 23
	Textfassungen Ecouter / Parler	PDF
	Lösungen*	PDF
En plus	En forme △	PDF
	Les mots et les lettres	PDF
	Les mots et les lettres △	PDF
	Grammaire et vocabulaire △	PDF
Unité 8	Audiomaterialien	Track 24
	Textfassung Ecouter	PDF
	Lösungen*	PDF
En plus	En forme △	PDF
	En forme △	PDF
	Ecrire △	PDF

* Die Lösungen und Lösungsvorschläge zu allen Aufgaben stehen auch im Internet zur Verfügung.

Mehr dazu
7d8bw8

Révisions

Auf den *Révisions*-Seiten kannst du wichtige Grammatik-Kapitel aus Band 1 wiederholen. Kontrolliere deine Ergebnisse mithilfe der Lösungen auf der CD. Wo du noch Schwierigkeiten hattest, kannst du in Heft 1 die Übungen zu diesen Kapiteln nochmals durchgehen.

En forme

1 Au magasin (G 1, 2, 3, 8, 9)*

Mme Chasseral entre dans un magasin. Elle cherche un cadeau d'anniversaire. Une vendeuse arrive.

Lis le dialogue et mets les pronoms personnels ***il, elle, ils, elles*** *et les articles indéfinis* ***un, une, des*** *et définis* ***le, la, l', les*** *où il le faut. (… wo sie hingehören.)*

- Bonjour, madame, vous cherchez quelque chose?
- Bonjour! … Euh, oui, … je cherche ______ cadeau pour ______ fille. Vous avez ______ t-shirts chics pour aller à une fête ou au théâtre?
- Voilà ______ t-shirt avec ______ perles[1]. ______ sont très jolis, nos t-shirts.
- C'est vrai. Je prends ______ t-shirt. ______ coûte combien?
- Les t-shirts, ______ ne sont pas chers, 30 €. Vous voulez autre chose? ______ jupe, peut-être?
- Oui, ______ idée est géniale. Vous avez ______ jupes qui[2] vont bien avec ______ t-shirt?
- Pas de problèmes. Voilà ______ jupe noire. ______ coûte 40 €.
- Ah oui, ______ est jolie. Alors, je prends deux t-shirts et deux jupes. J'ai deux filles et ______ mettent toujours ______ mêmes[3] vêtements …

En forme

2 Julie et Audrey montrent des photos à une copine. (G 10, 16)

Lis le dialogue et mets l' adjectif possessif qu'il faut. (Lies den Dialog und setze das jeweils richtige Possessivpronomen ein: ***mon, ma, mes, notre, votre, leur****, etc.)*

1. Julie: – C'est ______ sœur et moi à Paris devant ______ école. Audrey va dans un autre collège. ______ école est rue Berri.

* *Die Grammatikkapitel im Révisions-Teil beziehen sich auf Band 1.* – **1 une perle** eine Perle – **2 qui** *hier:* die *(Relativpronomen)* – **3 le / la même** der- / dieselbe

2. Audrey: – Et ça, c'est Julie et moi et ______ chats. ______ mère est noire. C'est bizarre.

3. Julie: – Et là, ce sont ______ parents et moi devant ______ maison de vacances en Bretagne. Audrey a fait la photo avec ______ appareil photo[1]. Ils aiment ______ vacances en Bretagne. Pour nous, ce n'est pas très intéressant …

4. Audrey: – Voilà ______ père et ______ copain, M. Legrand. Papa mange et mange et mange, c'est ______ activité préférée[2]!

En forme

3 Activités de vacances (G 13, 18)

Les Chasseral regardent une affiche à Quimper.

Lis l'affiche et mets ***à*** *ou* ***de et l'article défini****. Attention: il y a aussi des phrases où l'article défini suffit. (Lies das Plakat und setze* ***à*** *oder* ***de und den bestimmten Artikel*** *ein. Vorsicht: Es gibt auch Sätze, wo nur der bestimmte Artikel steht.)*

Chers touristes,

Vous aimez ______ sport? Alors, vous pouvez faire ______ natation ______ piscine, ______ foot ou ______ athléthisme dans notre parc d'activités.

Vous aimez la culture[3]? ______ soir, il y a ______ films et ______ pièces[4] ______ théâtre.

Vous aimez bien manger? Bien sûr, il y a ______ bons restaurants. Et ______ samedi soir, il y a ______ repas dans la salle des fêtes. Là, vous pouvez goûter[5] à nos spécialités bretonnes[6] et après, vous pouvez aller ______ bal de minuit.

______ marchés de notre région, vous trouvez ______ souvenirs sympas.

---

1 un appareil photo ein Fotoapparat – **2 préféré(e)** bevorzugt, Lieblings- – **3 la culture** die Kultur – **4 une pièce** ein Stück – **5 goûter qc** etw. probieren – **6 une spécialité bretonne** eine bretonische Spezialität

En forme

4 En vacances (G 4, 5, 11, 12, 14, 15, 17, 19, 21, 22, 25, 26, 27)

M. et Mme Chasseral, les parents de Julie et d'Audrey, sont en Bretagne avec leurs filles.

Lis les textes, puis mets les verbes entre parenthèses à la bonne forme. Attention au temps indiqué.
(Setze die in Klammern angegebenen Verben ***in die richtige Form****. Achte auf* ***die angegebene Zeit****.)*

1 En août, les Chasseral *(aller)* ____________ toujours en Bretagne. Il *(ne pas faire)* ____________ toujours beau, mais ce *(ne pas être)* ____________ un problème. Ils *(avoir)* ____________ une maison pas loin de Quimper. C'est pratique. Ils *(prendre)* ____________ les chiens aussi. Les parents ou les enfants *(faire)* ____________ la cuisine[1], on *(mettre)* ____________ la table[2] dans la cour, mais ce soir, on *(prendre)* ____________ le repas au restaurant de M. Legrand.

2 M. Legrand: – Ah, bonsoir Mathilde, Gérard. Salut, les filles. Vous *(être)* ____________ de retour[3] en Bretagne. Vous ____________ *(faire, passé composé)* de la natation aujourd'hui?

M. Chasseral: – Les filles oui, mais moi, je *(ne pas aller)* ____________ bien. J'*(avoir)* ________ mal au pied.

M. Legrand: – Je *(être)* ____________ désolé pour vous. Pas de sport, c'est la catastrophe. Qu'est-ce que vous *(faire)* ____________ alors du matin au soir?

M. Chasseral: – Je *(lire)* ____________ beaucoup, Mathilde et moi, nous *(écrire)* ____________ des cartes et des courriels, nous *(faire)* ____________ des tours à Quimper. Il *(ne pas pleuvoir)* ____________. Nous *(être)* ____________ contents.

M. Legrand: – Très bien, alors *(prendre, impératif)* ____________ place. Ici, vous *(avoir)* ____________ une vue fantastique. *(Il [aller]* ____________ *dans la cuisine.)*

Audrey: – Oh papa, toi, tu *(être)* ________ content ici, mais Julie et moi, nous *(avoir)* ____________ envie d'aller au cinéma[4] ou à la fête. J'*(avoir)* ________ des jolies robes, je *(mettre)* ____________ un chapeau pour aller manger chez ton copain. Tu *(oublier, passé composé)* ____________ quel âge on *(avoir)* ________ ? M. Chasseral: – Vous *(avoir, futur composé)* ____________ ____________ seize ans dans trois jours. Et il y a une surprise pour vous …

---

1 faire la cuisine kochen, Essen zubereiten – **2 mettre la table** den Tisch decken – **3 (être) de retour** *hier:* wieder da (sein) – **4 un cinéma** ein Kino

En forme / Ecrire

5 Que mettre pour le bal de minuit? (G 23)

Audrey et Julie préparent leurs vêtements pour le bal.

Regarde les images et décris les vêtements des deux filles sur un papier.

En forme / Les mots : les lettres

6 Une carte postale (G 22, 24)

Audrey écrit une carte à sa copine allemande, Clara. Audrey veut savoir si Clara est bonne en orthographe et en grammaire française …
(… Audrey möchte wissen, ob Clara gut in französischer Rechtschreibung und Grammatik ist …)

Imagine: tu es Clara. Lis la carte d'Audrey et corrige ses ***fautes****.*
Ecris les phrases correctes.

Vis-à-vis

Der 15. August ist in Frankreich ein Feiertag (Mariä Himmelfahrt = *l'Assomption de Marie*). Abends finden häufig Feuerwerke und Bälle statt.

Quimper, le 16 aout 2013

Cher Clara, ____________________

hier soir, papa invité «c'est dames» - non pas chez M. Legrand, mais au ball dans la salle des fêtes!!!

____

Une surprise pour notre aniversère. D'abord, nous avons regardez les gens arrivé, leur vêtements.

____

Puis, nous avons manger des crèpes, les parents on discuté avec des ami et puis, Julie et moi,

____

nous avons danse avec deux garçons trés sympa. Tout le monde as oublié l'heure[1] … Demain, nous allons

____

retrouvé Alain et Bruno aux café de la gare. Nous allons montrer nos photos aux garçons.

____

Et toi, qu'est-ce que tu a fait?

____

Gros bisous, Audrey (et Julie)

---

1 **l'heure** *hier:* die Zeit

1

Unité 1
Vive la rentrée!

Ecouter

1 Grand-mère, elle est super!

1 Le soir de la rentrée, Gabriel téléphone à sa grand-mère.

A *Ecoute le document et coche la bonne phrase.*

Gabriel et sa mamie parlent surtout …

1. ☐ … des vacances à Nice.

2. ☐ … de l'école.

3. ☐ … d'un copain de Gabriel.

TIPP

Überlege dir zunächst, worüber Gabriel an diesem besonderen Abend mit seiner Großmutter sprechen könnte.

B *Ecoute le document encore une fois. Vrai ou faux? Coche.*

	vrai	faux
1. Gabriel habite à Nice.	☐	☐
2. A Paris, il fait mauvais.	☐	☐
3. Il trouve que Mme Clément est une bonne prof.	☐	☐
4. Il déteste son nouveau prof de maths.	☐	☐
5. Il n'a pas envie d'aller à l'école.	☐	☐
6. Gabriel a beaucoup de copains dans sa classe.	☐	☐
7. Alexa habite dans la rue de Gabriel.	☐	☐
8. Gabriel connaît Alexa parce qu'elle fait du judo.	☐	☐
9. Il n'aime pas Alexa.	☐	☐
10. Gabriel va à l'école pour retrouver ses copains.	☐	☐

C *Complète les phrases. Ecoute le document encore une fois si nécessaire (…, wenn nötig).*

1. Mme Clément est ______________ et ______________, avec elle ______________

______________________________.

2. M. Racine a ______________________ et il est souvent[1] ______________________.

3. Gabriel va rencontrer Alexa ______________________________.

1 souvent oft

Lire

2 Oscar

Oscar, un chien, raconte.

Lis ce qu'il raconte. Vrai? Faux? Pas dans le texte? Coche. (Lies, was er erzählt und kreuze die zutreffenden Antworten an.)

«Je m'appelle Oscar et je suis un chien très sympa. Je suis né en mars 2012 à Toulouse. J'habite 11, rue Richard Lenoir, chez Mme Grain, la maman de mon copain Nick qui joue toujours avec moi quand Mme Grain travaille sur son ordinateur. C'est intéressant, un ordinateur, on regarde des photos (de moi)! Mais Mme Grain regarde des mots, elle fait clic-clic sur le clavier[1], elle appelle ça «écrire des textes». Les chiens ne savent pas lire, alors je trouve ça bizarre. Et elle travaille beaucoup, beaucoup et alors, elle est fatiguée mais contente.
Je ne comprends pas pourquoi elle aime ça. Moi, ça m'énerve! J'aime jouer dans le parc avec Nick ou avec Chaya. Dans notre maison, Chaya est une star. Elle est petite, elle a une jolie tête et elle est blanche et grise. Je ne sais pas quel âge elle a. C'est le chien de Mme Lalime qui est très sympa parce qu'il joue beaucoup avec nous. Chaya est très drôle, on fait des combats et surtout des blagues ensemble. Par exemple, on prend la souris[2] (bizarre, bizarre …) de Mme Grain et on met la souris sous le lit. Mme Grain cherche et cherche et elle ne trouve pas, alors elle est en colère. Mais elle comprend et aime les chiens, alors tout va bien …»

	vrai	faux	pas dans le texte
1. Oscar est le chien de Mme Grain.	☐	☐	☐
2. Il habite à Toulouse.	☐	☐	☐
3. Mme Grain déteste le travail.	☐	☐	☐
4. Mme Grain regarde des photos sur son ordinateur.	☐	☐	☐
5. Mme Grain écrit des livres sur les chiens.	☐	☐	☐
6. Mme Lalime a un chat.	☐	☐	☐
7. Mme Grain travaille beaucoup.	☐	☐	☐
8. Mme Grain et Mme Lalime sont copines.	☐	☐	☐
9. Elles habitent dans la même maison.	☐	☐	☐
10. Nick est le fils de Mme Lalime.	☐	☐	☐
11. Oscar aime jouer dans la rue.	☐	☐	☐
12. Chaya est toujours drôle.	☐	☐	☐
13. Chaya a deux ans.	☐	☐	☐
14. Oscar déteste Chaya.	☐	☐	☐
15. Chaya prend la souris de Mme Grain et Oscar est en colère.	☐	☐	☐

1 un clavier eine Tastatur – **2 une souris** *hier:* eine Computermaus

Ecrire

3 Anne

→ En plus CD, 1 ▲

Anne est ta copine française. Tu regardes les photos pour parler d'Anne à tes parents.

Regarde les images. Puis, écris un petit texte d'environ 40–50 mots à partir des phrases suivantes.
(Schau dir die Bilder an. Schreibe dann einen kleinen Text von ungefähr 40–50 Wörtern mithilfe der folgenden Sätze. Im „En plus"-Teil findest du eine schwierigere Variante der Übung.)

TIPP

Auf S. 23 im Schülerbuch findest du Vorschläge, wie man eine Person beschreiben kann. Lies dir die Begriffe gut durch und überlege, welche du für ein Porträt des Mädchens auf den Bildern benutzen kannst. Was kannst du sonst noch sagen? In dem *Tu te rappelles?*-Kasten auf S. 171 findest du Wortschatz, den du schon gelernt hast.

1

2

1. Anne est ma ________________. Elle ________ treize ________ et elle habite à Paris avec ________________________________.

La famille a une jolie ________________. Anne a les ________________________ et elle porte des ________________ bizarres. Anne est très ________________.

2. Elle ________ les ________________ avec sa petite sœur, Léa, et la petite est ________________. Mais Léa n'est pas ________________ : quand elle ________________ le t-shirt d'Anne et travaille sur Internet dans la chambre de sa sœur, Anne est ________________ !

Parler

4 Sympa ou pas sympa?

2-4

Führt zu zweit ein kurzes Gespräch auf Französisch über eines der folgenden Themen. Einigt euch auf ein Thema, verteilt die Rollen.
Schaut anschließend in den Lösungen nach, wie die Diskussion verlaufen könnte und hört sie euch auf der CD an. Wiederholt dann die Diskussion, indem ihr die Sprecher imitiert.

TIPP

Schau dir noch einmal die *On dit*-Kästen im Buch auf S. 18 und S. 23 an und präge dir die Wendungen gut ein, mit denen man über Personen und Gefühle sprechen kann.

1. Cet après-midi, ton copain / ta copine va aller au cinéma. C'est un film que tu voudrais bien regarder aussi … Aujourd'hui, vous en discutez (… ihr diskutiert darüber).
2. Ta petite sœur / Ton petit frère a mis[1] ton t-shirt pour faire du sport. Maintenant le t-shirt n'est plus très joli … Vous en discutez.
3. Vous avez gagné un week-end[2] à Paris, ton copain / ta copine et toi. Vos parents ne sont pas très contents … Imaginez pourquoi et discutez.

1 il a mis *hier:* er hat angezogen – **2 un week-end** ein Wochenende

Médiation

5 Lucas et Balou

Du bist mit einem Freund, der nur wenig Französisch spricht, in Frankreich. Ihr wollt heute Abend fernsehen. In einer Fernsehzeitschrift findest du die Beschreibung dieses Films. Dein Freund bittet dich, ihm die wichtigsten Informationen mitzuteilen. Du notierst dir dazu zuerst Stichwörter auf einem Papier und informierst ihn dann.

Vendredi 27 septembre DIRECT 8

20.40 Film ☆☆☆

Une rentrée pas comme les autres

Film jeunesse. Fra 2000. Réal.: Jean-Pierre Rigot 1 h 29.

Avec Dominique Blanc, Jeanne Vert, Gaspard Milou

Quand Lucas rentre des vacances chez sa tante à Nice, il est tout content mais pas pour longtemps[1]. La mauvaise surprise: ses parents ne sont plus ensemble. Lucas ne sait pas pourquoi et pense que c'est peut-être sa faute[2]. Il va habiter chez sa mère dans un autre quartier à Paris. Au collège, il ne connaît ni[3] les profs ni les autres élèves et comme il est timide, il a toujours l'air triste. La situation change totalement quand sa mère lui[4] fait cadeau d'un petit chien, Balou, que tout le monde adore. Tout à coup, Lucas a beaucoup de copains. Mais un jour, Balou n'est plus là …

En forme

6 Romain, la star du rugby (G 2)

*Lis le texte. Puis, complète-le avec les formes correctes du verbe **connaître**.*
*(Lies den Text. Ergänze ihn dann mit den richtigen Formen des Verbs **connaître**.)*

Léo, Valentine et Sarah sont dans la cour de l'école.

Léo: Vous ______________________ ce garçon? Il a l'air bizarre.

Valentine: Tu ne ______________________ pas ce garçon? Mais c'est Romain de la 3ᵉ A. Bien sûr, nous ______________________ Romain. Il est super …

Sarah: Tout le monde ______________________ Romain, la star du rugby.

Léo (en colère): Ah, les filles! Elles ______________________ les stars du rugby, maintenant! Mais moi, je ne ______________________ pas ce Romain. Le rugby, c'est trop nul!

1 longtemps lange – **2 la faute** *hier:* die Schuld – **3 ne … ni … ni …** weder … noch … – **4 lui ihm** *(indir. Objektpronomen)*

En forme

7 La rentrée (G 3, 5)

Lis le dialogue et mets les bonnes formes de **ce (ce, cette, cet, ces)** *et de* **quel (quel, quelle, quels, quelles)**. *(Lies das Gespräch. Ergänze die Sätze mit den jeweils richtigen Formen von* **ce** *und von* **quel**.*)*

Pour Zoé et Lucie, c'est la rentrée.

Zoé: Tu es en ________ classe ________ année?

Lucie: Je suis en 4e B.

Zoé: Tiens, je suis en 4e C. Qu'est-ce que tu fais ________ après-midi?

Lucie: ________ blague! On a cours, puis je rentre à 5 heures.

Et toi, tu rentres à ________ heure?

Zoé: ________ semaine, je rentre à 4 heures. Un prof n'est pas là.

Lucie: ________ professeur?

Zoé: C'est M. Chabane. C'est ________ prof qui est nouveau[1].

Il donne des cours de français pour Mme Blanc.

Lucie: Ah, ________ profs. Les profs que j'aime ne sont plus là à la rentrée et les autres …

Eh bien, on va voir. ________ soir, je vais acheter[2] mes affaires pour la rentrée.

Zoé: ________ affaires? Des livres?

Lucie: Non, mais regarde ________ stylo et ________ gomme.

Ils sont nuls! Et je vais avoir une robe pour la fête de mon anniversaire, ce week-end.

Zoé: Une fête??? ________ chance!

________ copains et ________

copines est-ce que tu vas inviter?

Lucie: Il y a d'abord ________ filles de

la 4e A que je connais du club de judo et puis …

1 nouveau / nouvel / nouvelle neu – **2 acheter** kaufen

En forme

8 Moustique aime la salade – de verbes! (G 1)

A *Mets les formes du verbe **savoir** et les autres verbes conjugués à la bonne place dans le tableau.*
*(Setze die konjugierten Formen von **savoir** und die der anderen Verben an die jeweils richtige Stelle in der Tabelle.)*

faisons ont vas sais sommes avez font

sont ai allez es savez vais fais êtes

faire	être	avoir	aller	savoir
je	je	j’	je	je
tu	tu	tu	tu	tu
il / elle / on	il / elle / on	il / elle / on	il / elle / on	il / elle / on
nous	nous	nous	nous	nous
vous	vous	vous	vous	vous
ils / elles	ils / elles	ils / elles	ils / elles	ils / elles

B *Maintenant, mets les bonnes formes des verbes dans les phrases suivantes.*

1. Après l’école, Marie et Alex ________________ leurs devoirs. **2.** Elles ne ________________ pas tout. **3.** Alors Marie ________________ dans la cuisine. **4.** Mme Pirou ________________ le repas. – Vous ________________ dans ta chambre, Alex et toi? **5.** – Oui, nous ________________ nos devoirs. Maman, tu ______________ qui ______________ les troglodytes?[1] **6.** – Non, ma puce, je ne ______________ pas. C’est bizarre. **7.** Alors, Marie et Alex n’______________ plus envie de ______________ les devoirs. Elles ______________ à la piscine.

En forme

9 Savoir quel verbe c’est et connaître les formes! (G 1, 2)

*Lis les deux dialogues, puis complète-les avec les bonnes formes de **savoir** et de **connaître**.*
*(Lies die zwei Dialoge und ergänze sie dann mit den richtigen Formen von **savoir** und **connaître**! Vorsicht, die Formen sind gemischt!)*

1 Au collège

– Tu ______________ en quelle classe on est cette année? – Oui, je ______________. C’est la 4ᵉ C et on va avoir M. Baccioli en français. – Tu as l’air content. Tu ________________________ M. Baccioli?

---

1 des troglodytes *(m.)* Höhlenbewohner

– Non, mais mon frère ________________ bien ce prof. Il dit que[1] M. Baccioli est sympa

et qu'il ________________ beaucoup de choses.

2 Au restaurant

– Qu'est-ce que vous allez manger? Vous ________________ déjà?

– Non, nous ne ________________ pas encore. Une tartiflette[2], qu'est-ce que c'est? Nous ne ________________ pas ça.

– Ah, beaucoup d'Allemands ne ________________ pas la tartiflette. Ils ne ________________ pas que c'est très bon.

– C'est très bon? Alors on va prendre la tartiflette.

En forme

10 Paris est une ville. (G 4)

→ En plus CD, 2 ▲

A *Quel pronom relatif est correct? (Mache dir zunächst klar, warum welches Relativpronomen stehen muss, indem du den* ***Kasten*** *genau durchliest. Streiche dann die Relativpronomen durch, die nicht stimmen.)*

Paris est une ville. **Elle** (= Subjekt) est très grande.
→ Paris est une ville **qui** est très grande.

Paris est une ville. Tout le monde (Subjekt) connaît **Paris** (= Objekt).
→ Paris est une ville **que** tout le monde (Subjekt) connaît.
(Objekt jetzt **que**)

Paris est une ville. **Dans cette ville**, il y a beaucoup de touristes.
→ Paris est une ville **où** il y a beaucoup de touristes.
(Hier bezieht sich das Relativpronomen auf die **Ortsbestimmung**.)

1. Paris est une ville qui / que / qu' / où est très grande.
2. Paris est une ville qui / que / qu' / où tout le monde connaît.
3. Paris est une ville qui / que / qu' / où il y a beaucoup de touristes.

B *Voici des définitions. Barre le pronom relatif qui n'est pas correct. (Streiche bei den folgenden Definitionen das Relativpronomen durch, das nicht korrekt ist.)*

1. Un CDI est un endroit qui / que / qu' / où on peut lire des livres et des BD.
2. Un vendeur est une personne qui / que / qu' / où travaille dans un magasin.
3. Un pantalon est un vêtement qui /que / qu' / où on met quand il fait froid.
4. Une bougie est quelque chose qui / que / qu' / où je mets sur un gâteau d'anniversaire.

TIPP

Du kannst davor (nochmals) die Übung 6 im Buch auf S. 127 machen und danach die schwierigere Zusatzübung im *En plus*-Teil!

1 que / qu' dass – **2 une tartiflette** ein Kartoffelauflaufgericht

Les mots
les lettres

11 L'école en France

→ En plus CD, 3

Pour parler de la rentrée, il faut réviser le vocabulaire de l'école. Trouve des mots pour chaque rubrique. (Um über den Schulbeginn zu sprechen, musst du den thematischen Wortschatz zur Schule wiederholen. Finde Wörter zu jeder ***Rubrik*** *und schreibe sie in dein Übungsheft. Mache anschließend die Erweiterung der Übung im „En plus"-Teil.)*

1. **endroits:** une cantine, …
2. **matériel:** un crayon, …
3. **autres mots:** la récré(ation), …

Les mots
les lettres

12 Qu'est-ce que tu as?

Quelle phrase va avec quelle image? (Welcher Satz passt zu welchem Bild? Schreibe die französischen Sätze in die jeweils richtige Sprechblase.)

Ça m'énerve! | J'adore ça! | Je suis en colère! | C'est dommage. | Pas de problème!

Je ne suis pas en forme. | Ce n'est pas drôle. | Tu as l'air triste.

1

2

3

4

5

6

Ecouter

1 Bonne chance[1], Gabriel!

5 Quand Gabriel a des problèmes, il téléphone à sa grand-mère.

A *Ecoute le document et regarde les images. Qui est Gabriel, qui est Alexa? Coche.*

B *Ecoute le document encore une fois, puis coche les bonnes réponses.*

1. Gabriel téléphone à sa grand-mère parce qu'
- ☐ il a un problème avec un prof.
- ☐ il a un problème avec une fille.
- ☐ il a un problème avec les autres élèves.

2. Alexa est sympa parce qu'
- ☐ elle va au CDI avec Gabriel.
- ☐ elle est drôle avec Gabriel.
- ☐ elle aide Gabriel avec les devoirs.

3. Les autres élèves de la classe de Gabriel
- ☐ trouvent Gabriel trop timide.
- ☐ font des blagues.
- ☐ invitent Gabriel au cinéma.

4. Au tableau[2], on peut lire:
- ☐ «Gabriel est bête.»
- ☐ «Gabriel aime Alexa.»
- ☐ «Gabriel déteste Alexa.»

5. Alexa trouve ça
- ☐ triste.
- ☐ drôle.
- ☐ bête.

6. Que vont aller voir Alexa et Gabriel au cinéma?
- ☐ «Le dix-septième enfant».
- ☐ Un film drôle.
- ☐ Ils ne savent pas encore.

C *Maintenant, réponds aux questions.*

1. Où est-ce qu'Alexa habite? Elle habite ______________________________.

2. Quel est le caractère[3] de Gabriel? Il est ______________________________.

3. Comment est-ce que le film s'appelle? Il s'appelle ______________________________.

1 Bonne chance! Viel Glück! – **2 au tableau** an der Tafel – **3 le caractère** die Charaktereigenschaft

Grammaire
Vocabulaire

2 Ah, les grands-mères ...!

Alexa et Gabriel discutent. Lis leur dialogue et complète les phrases avec les bonnes formes des verbes «savoir» et «connaître». Mets aussi le pronom relatif correct et la bonne forme de «quel» et de «ce». (Lies ihren Dialog und ergänze die Sätze mit den richtigen Formen der Verben ***savoir*** *und* ***connaître****. Pass auf, dass du jeweils die richtige Form nimmst. Setze auch das richtige* ***Relativpronomen*** *ein [****qui, que, où****] sowie die korrekte Form des Fragebegleiters* ***quel*** *[****quel, quelle, quels, quelles****] und des Demonstrativbegleiters* ***ce*** *[****ce, cette, cet, ces****].)*

1. *Gabriel:* Tu as envie d'aller au cinéma ______ week-end? **2.** *Alexa:* ______ jour? Samedi ou dimanche? **3.** *Gabriel:* Je ne ______ pas. Samedi peut-être... Comme ça, on peut rester au lit dimanche. Quand on va au cinéma le dimanche, on est fatigué le lundi.

4. *Alexa:* Rester au lit? Alors, on va rentrer tard? Moi, je ______ mes parents. C'est une idée ______ ils ne vont pas aimer. **5.** *Gabriel:* Mais les films ______ sont intéressants commencent à 8 heures. **6.** *Alexa:* ______ films est-ce que tu trouves intéressants?

7. *Gabriel:* ______ films, tu ______, ______ racontent des catastrophes, ______ il y a des combats. **8.** *Alexa:* Moi, je déteste ______ acteurs cool ______ ______ tout et ______ gagnent toujours.

9. *Gabriel:* ______ blague!? Tu n'aimes pas les hommes cool? **10.** *Alexa:* J'aime les garçons ______ ont l'air cool mais ______ sont sympas et drôles. Comme toi.

11. *Gabriel:* Ma mamie, elle ______ les filles ... ______ femme est super. *Alexa:* Ta grand-mère?? **12.** *Gabriel:* Oui, elle ______ tout. ______ idées ont les filles, pourquoi elles sont bizarres ... **13.** *Alexa:* Les garçons sont bizarres aussi. Mais c'est vrai, les grands-mères ______ la vie. Moi, je n'ai pas de grand-mère. C'est dommage.

14. *Gabriel:* J'ai une idée! Comme nous ne ______ pas ______ film regarder, samedi, nous allons chez mamie. Tu es d'accord? **15.** *Alexa:* Oui, bonne idée.

Ecrire

3 Chez mamie

Regarde les images et fais le portrait des personnages. Raconte ce qui se passe. (Schau die Bilder an und schreibe einen Text von ca. 70 Wörtern, in dem du die Personen beschreibst und sagst, was passiert.)

Unité 2

Les mystères de Paris

Lire

1 Préparer un séjour[1] à Paris

Paul, 12 ans, et ses parents vont passer une semaine à Paris pendant les vacances d'automne. Sophie, la correspondante de Paul qui habite à Paris, lui donne des conseils.
(Paul, 12 Jahre, und seine Eltern werden während der Herbstferien eine Woche in Paris verbringen. Sophie, Pauls Brieffreundin, die in Paris wohnt, gibt ihm Ratschläge.)

A *Lis le courriel de Sophie. Puis, essaie de trouver la traduction des mots et des expressions suivants à l'aide des* ***quatre stratégies*** *dans l'encadré.*
(Lies Sophies E-Mail. Versuche dann, mithilfe der Strategien aus dem Tippkasten die Wörter und Ausdrücke zu übersetzen. Trage auch ein, ***welche der vier Strategien*** *du angewandt hast.)*

TIPP

Viele Wörter, die du noch nicht kennst, kannst du dir ganz einfach selbst erschließen, indem du überlegst,

1. was das Wort **in diesem Zusammenhang** heißen könnte;
2. ob es im Deutschen nicht vielleicht **ein Fremdwort** gibt, das so ähnlich klingt;
3. ob du vielleicht schon ein Wort **aus derselben Wortfamilie** gelernt hast oder
4. ob du bereits ein ähnlich klingendes Wort aus einer **anderen Sprache** kennst.

de: sophie.legrand@orange.fr
à: paul.gross@t-online.de

Coucou,

Alors, tu vas venir à Paris avec ta famille? C'est vraiment fantastique. Il y a beaucoup de choses à voir ici. Normalement, les touristes visitent la tour Eiffel, le Louvre et les Champs-Elysées, mais moi, je préfère le Paris souterrain. A Paris, on peut aussi faire des promenades sous la ville, tu sais. Je vais t'[2]expliquer:
Il y a d'abord les catacombes. Avec un guide, on traverse des souterrains et des couloirs où on peut voir des milliers de crânes. Mais attention, c'est pour les sportifs parce qu'il y a un escalier de 130 marches à descendre et un escalier de 83 marches à remonter. Surtout, n'oubliez pas de prendre une veste ou un pull parce que la température dans les catacombes est toujours de 14°. J'ai visité les catacombes avec ma classe en juin dernier et quand tu portes seulement[3] un t-shirt, tu as froid. Les catacombes sont aussi le décor de beaucoup de bandes dessinées et de mangas.
Après, vous pouvez visiter les égouts. Tu sais, aujourd'hui à Paris, il y a 2.400 km de couloirs souterrains où va l'eau sale[4]: c'est la canalisation de Paris. Le guide va vous[5] donner des informations sur l'histoire des égouts et il va vous expliquer comment ça fonctionne. La visite dure environ[6] une heure et elle est vraiment très intéressante. L'entrée des égouts est au centre-ville, pas loin du pont de l'Alma.
Et le week-end, on peut faire une promenade à pied dans les couloirs du métro de Paris. Le guide va vous raconter l'histoire du métro et il va vous expliquer le fonctionnement du système de transport et vous allez aussi faire un tour dans des stations fantômes. Ces stations de métro sont aujourd'hui fermées et oubliées. J'ai fait cette promenade avec mes parents le week-end dernier. C'est génial, tu vas voir!

Salut et à bientôt, j'espère!
Sophie

---

1 un séjour ein Aufenthalt – **2 te / t'** dir – **3 seulement** nur – **4 sale, sale** schmutzig – **5 vous** *hier:* euch – **6 environ** ungefähr

mot / expression	traduction allemande	stratégie n°
une promenade (ligne 4)		
un sportif (l. 6)		
une marche (l. 6)		
remonter (l. 7)		
la température (l. 7)		
le décor (l. 9)		
la canalisation (l. 11)		
fonctionner / le fonctionnement (l. 12 / 15)		
durer (l. 12)		
le centre-ville (l. 12)		
le week-end (l. 14)		
le système de transport (l. 15)		
une station fantôme (l. 15 / 16)		

B *Lis le courriel de Sophie encore une fois.*
Puis, coche la bonne réponse.
Justifie ta réponse.
(… Gib die Nummer der Zeile an,
in der / denen du die Antwort gefunden hast.)

	vrai	faux	ligne(s)
1. La tour Eiffel, le Louvre et les Champs-Elysées sont les endroits préférés[1] de Sophie.	☐	☐	
2. On peut visiter les catacombes, les égouts et les stations fantômes avec un guide.	☐	☐	
3. Les catacombes, ce sont 2.400 km de couloirs souterrains où va l'eau sale.	☐	☐	
4. Dans les catacombes, il y a deux escaliers.	☐	☐	
5. Sophie a visité les catacombes avec sa classe.	☐	☐	
6. En juin, on peut visiter les catacombes en t-shirt.	☐	☐	
7. Les égouts sont aussi le décor de beaucoup de mangas.	☐	☐	
8. Quand on visite les égouts, il y a un guide qui raconte leur histoire.	☐	☐	
9. La visite des égouts dure environ une heure.	☐	☐	
10. L'entrée des égouts est au centre de Paris.	☐	☐	
11. On peut visiter les couloirs du métro de Paris tous les jours[2].	☐	☐	
12. Quand on visite les couloirs du métro, il y a un guide qui raconte l'histoire du métro.	☐	☐	
13. Les stations fantômes, ce sont des stations de métro où le métro ne passe[3] plus.	☐	☐	
14. Sophie a visité les égouts le week-end dernier sans ses parents.	☐	☐	

1 préféré(e) bevorzugt / Lieblings- – **2 tous les jours** jeden Tag / täglich – **3 passer** *hier:* durch-/entlang fahren

Ecrire

2 Quelle histoire!

→ En plus CD, 1 △

Voici le début d'une histoire. Lis le texte, puis choisis dans l'encadré les mots et les expressions qui peuvent te servir pour continuer cette histoire. Raconte la fin de l'histoire (environ 70 à 80 mots). Trouve aussi ***un titre****.*
(Hier ist der Anfang einer Geschichte. Lies den Text zuerst durch. Suche dann aus den Wörtern und Ausdrücken im Kasten diejenigen heraus, die du brauchen kannst, um die Geschichte weiter zu erzählen. Erzähle sie zu Ende. Schreibe ca. 70–80 Wörter. Versuche auch, ***eine passende Überschrift*** *für deine Geschichte zu finden.)*

TIPP 1

Auf S. 37 im SB findest du im blauen Kasten unter *Savoir raconter* Strategien, wie du eine Geschichte spannend erzählen kannst. Lies sie dir durch, bevor du mit dieser Aufgabe beginnst.

TIPP 2

Wenn du diese Geschichte geschrieben hast, kommst du bestimmt auch mit der Übung im *En plus*-Teil auf der CD klar, bei der du keine zusätzlichen Hilfen erhältst.

avoir peur ■ un couloir sombre ■ entendre un bruit bizarre / mystérieux ■ à ce moment-là ■ derrière la grille ■ un endroit ■ avoir l'air dangereux ■ être courageux / curieux ■ traverser ■ une souris ■ ne plus trouver la sortie ■ avancer[1] ■ avoir mal ■ avoir de la chance ■ ne pas voir la pierre ■ être malheureux

Vendredi soir, après le foot, mon copain Loïc et moi, on a traversé le parc de notre quartier pour rentrer à la maison. Tout à coup, on a vu une grille avec une pancarte[2] «Défense d'entrer»[3]. Loïc a dit: «Tu connais cette grille? Moi, non. On entre?»
Puis, il a ouvert la grille et …

1 avancer vorankommen / weiterlaufen – **2 une pancarte** ein Schild – **3 Défense d'entrer!** Betreten / Zutritt verboten!

Médiation

3 Le Musée Grévin

Einer deiner Freunde, der kein Französisch kann, fährt in den Sommerferien mit seinen Eltern nach Paris. Vorher surft ihr zusammen im Internet, um herauszufinden, was man in Paris außer dem Eiffelturm und dem Louvre noch besichtigen kann. Ihr findet diesen Eintrag zum Musée Grévin, das ihn sehr interessiert.

Musée Grévin

Un peu d'histoire: Un journaliste a eu l'idée de présenter les personnages connus[1] en trois dimensions. Alors il a demandé à Alfred Grévin, dessinateur humoristique, créateur de costumes de théâtre et sculpteur, de donner un visage[2] à ces personnalités. Le musée Grévin a ouvert ses portes le 5 juin 1882 avec un grand succès.

Découvrez la collection de personnages en cire[3]
Brad Pitt, George Clooney, Bruce Willis, Jean Reno, Nicolas Cage – 450 personnages en cire ont rendez-vous avec vous. Prenez des photos avec vos stars préférées! Régulièrement, de nouvelles personnalités font leur entrée au musée Grévin: la statue de l'acteur français Lambert Wilson y est exposée depuis le 10 mai 2012 et la statue de l'acteur et humoriste français Omar Sy («Les Intouchables»[4]) est entrée au musée le 17 décembre 2012.

Adresse
10, boulevard Montmartre
75009 Paris
Tél.: 01 47 70 85 05
www.grevin.com

Accès
Métro: lignes 8 ou 9
(station Grands Boulevards)
Bus: lignes 20 – 39 – 48 – 67 – 74 – 85

Les tarifs
Plein tarif: 22 €
Tarif réduit (sur présentation d'une carte): 19 €
Tarif jeunes (de 6 à 16 ans): 15 €
Gratuit pour les enfants (0 – 5 ans)
Pour entrer sans attendre, achetez vos billets sur Internet.

Horaires d'ouverture
Du lundi au vendredi: de 10h00 à 18h30 (dernière entrée à 17h30)
Les samedis, dimanches, jours fériés et vacances scolaires: de 10h00 à 19h00 (dernière entrée à 18h00)

Visites guidées en français et en anglais
Durée: 2 heures
Tous les samedis et dimanches à 14h30.
Réservation obligatoire par téléphone:
Tél.: 01 47 70 85 05

Dein Freund hat eine ganze Menge Fragen. Antworte ihm in ganzen Sätzen.

Dein Freund: Was gibt es denn genau in diesem Museum zu sehen?

Du: ____________________

____

Dein Freund: Das klingt gut. Da will ich unbedingt hin. Der Mann auf dem Foto, was hat er mit dem Museum zu tun?

Du: ____________________

____

Dein Freund: Aha … Hat das Museum einen Ruhetag? Und wie sind die Öffnungszeiten in den Ferien? Was bedeutet das, was in Klammern dahinter steht?

Du: ____________________

____

1 connu(e) bekannt – **2 un visage** ein Gesicht – **3 un personnage en cire** eine Wachsfigur – **4 « Intouchables»** „Ziemlich beste Freunde" *(frz. Filmkomödie)*

→

Dein Freund: Wie sieht es mit den Eintrittspreisen aus? Wenn es zu teuer wird, gehen meine Eltern sicher nicht mit uns hin. Was kostet der Eintritt für meine Eltern, meine Schwester (5) und mich (12)?

Du: ____

____

Dein Freund: Uff, das ist ganz schön teuer! Können wir auch eine Führung auf Deutsch mitmachen?

Du: ____

____

Dein Freund: Eine Frage habe ich noch: Wie kommen wir mit der Metro oder dem Bus zum Museum hin?

Du: ____

____

Dein Freund: Das werden wir wohl hinbekommen. Vielen Dank! Schade, dass du nicht mitkommen kannst! Wir könnten dich gut als Dolmetscher gebrauchen.

Parler

4 Qu'est-ce que tu en penses?

→ En plus CD, 2

6

Travaillez à deux. Préparez une petite discussion. Puis, jouez la scène.
(Arbeitet zu zweit. Einigt euch auf eine der beschriebenen zwei Situationen, bereitet gemeinsam ein kurzes Gespräch vor, macht euch einige Stichworte und verteilt die Rollen. Spielt dann die Szene.)

Situation 1: Comment est-ce que tu trouves Mme Schmidt?
C'est la rentrée. Toi et ton / ta partenaire, vous êtes dans la même classe. Vous avez une nouvelle[1] prof d'allemand, Mme Schmidt.

Situation 2: Au téléphone
Tu appelles ta copine Sophie, mais elle n'est pas là. Alors, tu parles à sa mère.

Schaut euch noch einmal den *On dit*-Kasten im SB auf S. 31 bzw. die Wendungen im *Cahier d'activités* auf S. 23 an und prägt euch die Ausdrücke gut ein, mit denen man seine Meinung äußern und sagen kann, was man denkt.

TIPP 1

Wenn ihr die Gespräche einübt, nehmt eure Unterhaltungen auf, dann könnt ihr sie anschließend noch einmal anhören und besprechen, was ihr beim nächsten Mal besser machen könntet.

TIPP 2

Ihr findet alle Lösungsvorschläge zum Ausdrucken sowie den Lösungsvorschlag zu **Situation 1** als Hörtext zum Nachsprechen auf der CD.
Im *En plus*-Teil gibt es eine weitere Situation.

1 nouveau, nouvelle *(m., f., Sg.)* neu

En forme

5 La visite des catacombes (G 6, 7, 8)

→ En plus CD, 3 und 4 △

Aujourd'hui, Paul a visité les catacombes avec sa classe et Mme Leblanc, sa prof d'histoire-géo. Le soir, il raconte sa journée à sa mère.
(Heute hat Paul mit seiner Klasse und Mme Leblanc, seiner Geschichts- und Erdkundelehrerin, die Katakomben besichtigt. **Am Abend** erzählt er seiner Mutter, was er dort **erlebt hat**.)

TIPP

Übe zuerst im *En plus*-Teil die Konjugation der neuen Verben (Ex. 3), dann fällt dir diese Übung hier leichter. Sie gibt es auch im *En plus*-Teil in einer schwierigeren Variante (Ex. 4).

Lis le texte, puis complète-le avec les bonnes formes des verbes au ***présent*** *et au* ***passé composé***.
(Lies den Text und ergänze ihn mit den richtigen Verbformen im ***Präsens*** *und im* ***Passé composé***.*)*

– Tu *(savoir)* ________, maman, nous *(d'abord prendre)* ________ ________ le métro et après, nous *(attendre)* ________ le bus pendant vingt minutes! Devant l'entrée des catacombes, je / j' *(voir)* ________ une affiche. Je / J' *(lire)* ________ : Fermeture exceptionnelle[1] aujourd'hui! Mme Leblanc a dit[2]: «Ah non, ce n'est pas possible! Je *(ne pas comprendre)* ________.» Mais tout à coup, un monsieur aux cheveux longs *(ouvrir)* ________ ________ la porte et il *(demander)* ________ à Mme Leblanc: «Vous *(ne pas voir)* ________ l'affiche? C'est fermé aujourd'hui.

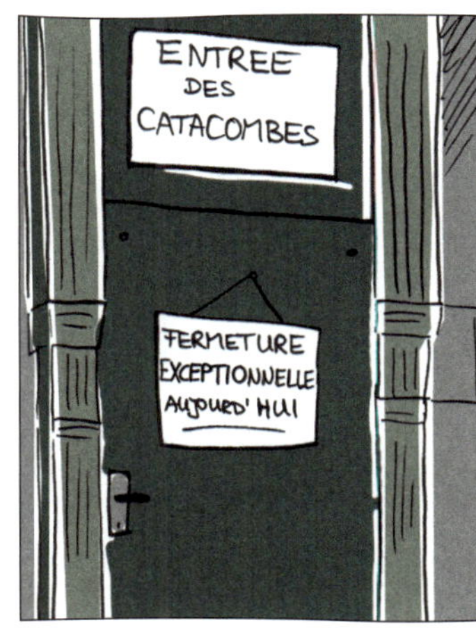

Vous *(comprendre)* ________, madame?» Mme Leblanc *(être)* ________ très surprise[3]. Elle *(répondre)* ________ : «Mais, monsieur, ce n'est pas possible. Je / J' *(appeler)* ________ hier. Nous *(être)* ________ du collège Hector Berlioz à Vincennes.» Alors le monsieur *(répondre)* ________ : «Bon, il *(faire)* ________ froid parce qu'il *(pleuvoir)* ________ cette nuit. Allez, entrez, les enfants. Moi, c'est Vladimir. Je *(être)* ________ dessinateur de BD et je *(préparer)* ________ ici mon premier manga. Ecoutez, je *(connaître)* ________ les catacombes comme ma poche. Je vais faire le guide pour vous.» Puis, il *(montrer)* ________ à notre groupe tout l'empire de la mort avec les crânes et tout. Génial! Ah oui, et à la fin, Vladimir *(écrire)* ________ son adresse et son numéro de téléphone sur un papier pour Mme Leblanc!

---

1 fermeture exceptionnelle ausnahmsweise geschlossen – **2 elle a dit** sie hat gesagt – **3 surpris(e)** überrascht

Les mots et les lettres

6 Paris mystérieux

Cherche les nouveaux mots dans la grille et entoure-les. Les lettres qui restent à la fin vont former une phrase.
(Im folgenden Kasten findest du neue Wörter zum Thema «Paris mystérieux». Suche sie im Buchstabengitter und umrahme sie. ***Die ersten 24 Buchstaben des Gitters****, die am Ende übrig bleiben, ergeben den* ***Lösungssatz****. Achtung: Die Wörter können außer waagrecht → und senkrecht ↓ auch diagonal ↙ ↘ ↖ und von unten nach oben ↑ geschrieben sein.)*

TIPP

Höre dir auch im Internet das **gesprochene Vokabular** an. Gib den Code auf www.klett.de ein.

Mehr dazu 9e72qv

CATACOMBES	COULOIR	COURAGEUX	CRANE	CURIEUX
DANGEREUX	EGOUTS	ESCALIER	GRILLE	MYSTERIEUX
PEUR	SOMBRE	SORTIE	SOURIS	VAMPIRE

V	I	X	S	I	T	E	P	Z	L	S	E	E	P	A
R	I	U	S	S	S	O	E	U	T	E	E	N	R	R
A	I	E	N	M	T	B	U	R	M	B	V	A	S	T
M	W	G	D	I	U	Q	R	Y	C	M	X	R	O	P
Q	Q	A	J	I	O	J	S	F	S	O	U	C	R	B
Y	M	R	X	P	G	T	T	T	H	C	E	J	T	L
E	X	U	E	U	E	R	L	G	F	A	I	U	I	Q
O	S	O	T	R	E	L	I	I	V	T	R	O	E	H
A	E	C	I	W	B	R	L	O	Q	A	U	H	J	J
A	T	E	A	K	H	M	E	I	L	C	C	P	S	M
H	U	M	M	L	M	K	O	G	R	U	C	F	O	W
X	V	A	M	P	I	R	E	S	N	G	O	R	U	G
C	J	I	I	Y	W	E	V	B	G	A	O	C	R	X
I	I	D	A	U	W	B	R	Y	C	R	D	L	I	T
H	T	W	V	B	L	T	K	Z	D	Q	B	H	S	V

Lösungssatz (4 mots): ___ ___ ___ ___ ___ ___ ___   ___ ___

___ ___ ___ ___ ___   ___ ___ ___ ___ ___ ___ ___ ___ ___ ___.

Lire **1**

Le courriel de Mélanie

Clara, 12 ans, a reçu un courriel de Mélanie, sa nouvelle correspondante qui habite à Paris. (Clara, 12 Jahre, hat eine E-Mail von Mélanie, ihrer neuen Brieffreundin aus Paris, bekommen.)

Lis le courriel de Mélanie. Puis, coche la bonne réponse. Justifie ta réponse: note la ligne. (Lies Mélanies E-Mail. Kreuze dann die richtige Antwort an. Gib auch an, in welcher Zeile du die Antwort gefunden hast.)

Le Louvre

Musée du Quai Branly

Musée d'Orsay

de: melanie.martin@orange.fr
à: clara.seifried@t-online.de

Coucou,

Merci beaucoup de ton dernier courriel. Ici à Paris, tout va bien. Tu as raison, c'est une ville fantastique.

Un jour, je voudrais bien faire un film sur les quartiers oubliés de Paris. Tu sais, une fois par mois, le samedi, mes parents et moi, on prend le métro et on descend à une station qu'on ne connaît pas encore. Puis, on fait un tour dans le quartier. Souvent, on découvre[1] un petit magasin original[2], un parc oublié ou un restaurant sympa.

Mais j'adore aussi les grands musées de Paris comme le Louvre, le Musée d'Orsay ou le Musée du Quai Branly. La semaine dernière, j'ai visité le Louvre avec ma classe, mais on n'a pas regardé les expositions et on n'a pas vu la Joconde[3]. Le guide nous[4] a raconté l'histoire du Louvre et puis, il nous a montré des salles souterraines qui sont normalement fermées au public. Génial!

Comme toi, j'aime des milliers de choses. Et j'adore le cinéma et les reportages. Je suis fan des acteurs Guillaume Canet et Jean Dujardin. Et mon actrice préférée[5], c'est Marion Cotillard. Elle est géniale dans le film «Inception» avec Leonardo di Caprio, tu ne trouves pas?

Salut et à bientôt!

Mélanie

	vrai	faux	ligne(s)
1. Un jour, Mélanie veut faire un reportage sur les salles oubliées du Louvre.	☐	☐	
2. Avec ses parents, elle prend le bus pour découvrir des nouveaux[6] quartiers de Paris.	☐	☐	
3. Souvent, Mélanie et ses parents trouvent un petit musée sympa.	☐	☐	
4. Mélanie aime bien visiter des musées comme par exemple le Musée d'Orsay.	☐	☐	
5. Le mois dernier, elle est allée au Louvre avec sa classe.	☐	☐	
6. Le guide a raconté l'histoire de la Joconde à Mélanie et à ses camarades.	☐	☐	
7. Le guide a montré des salles souterraines à la classe de Mélanie.	☐	☐	
8. Mélanie a bien aimé cette visite du Louvre.	☐	☐	
9. Mélanie adore l'acteur Jean Dujardin.	☐	☐	
10. Elle trouve que Marion Cotillard joue très bien dans le film «Inception».	☐	☐	

1 on découvre (découvrir) man entdeckt (entdecken) – **2 original** originell – **3 la Joconde** die Mona Lisa – **4 nous** *hier:* uns – **5 préféré(e)** Lieblings- – **6 nouveaux, nouvelles** *(m., f., pl.)* neu

Grammaire et vocabulaire

2 On cherche les égouts.

Aujourd'hui, Valentin et Sarah visitent les égouts avec leur classe et leur prof, M. Girard.

Lis le texte, puis complète-le avec les bonnes formes des verbes et les mots qui manquent.
(Lies den Text und ergänze ihn mit den richtigen **Verbformen** *sowie den* **Wörtern***, die fehlen.)*

M. Girard: – Bonjour, madame. Vous *(savoir)* ______ où est l'e______ des égouts?

La dame: – Oui, bien sûr. Vous *(prendre)* ______ la première rue à gauche, ici.

Regardez, voilà, vous *(voir)* ______ le monsieur là-bas avec le chien? C'est juste[1] derrière.

M. Girard: – Ah, oui, je *(voir)* ______. Merci, madame.

Sarah: – Valentin, tu *(descendre)* ______ avec moi? J'ai p______!

Valentin: – Il fait très s______ dans les égouts et il y a des s______.

Mais je *(savoir)* ______ que tu es une fille c______.

(Descendre) ______ ensemble!

M. Girard: – *(Attendre)* ______, les jeunes[2], la g______ est

encore f______. Mais je / j'*(entendre)* ______ quelque chose …

C'est le g______, M. Bonnard, qui arrive.

M. Bonnard: – Ah, vous êtes le g______ du collège Hector Berlioz à Vincennes?

Bonjour, monsieur, bonjour, les jeunes. Vous *(attendre)* ______ longtemps[3]?

Venez, la v______ commence maintenant.

1 juste genau – **2 un(e) jeune** ein(e) Jugendliche(r) – **3 longtemps** lange

Médiation

3 Un anniversaire au Musée de la Poupée

Deine Freundin Sandra (12) fährt bald mit ihrer Mutter zur Familie Richard nach Paris. Während sie dort sind, feiert Louise, die Tochter der Richards, ihren 6. Geburtstag. Sie will mit ihren Freundinnen ins ***Musée de la Poupée*** *gehen. Sandra soll auch mitkommen, die ist allerdings etwas skeptisch. Zusammen seht ihr euch die Internetseite des Museums an. Da Sandra kein Französisch kann, bittet sie dich, ihr ein paar Dinge zu erklären. Beantworte auf einem Blatt Sandras Fragen in ganzen Sätzen.*

Musée de la Poupée

Dans notre musée, vous allez voir plus de 500 poupées et jouets[1] de 1800 à 1919 dans des décors qui enchanteront[2] les petits comme les grands.
Entrez dans notre musée en visite libre ou en visite guidée (en français seulement).
Nos guides, ce sont des «poupées» en grandeur nature. Elles vont vous raconter des histoires sur les poupées et les jouets de notre exposition.

Fêtes d'anniversaire au musée (pour les enfants de 4 à 11 ans)
Fête ton anniversaire avec tes amis et des jolies poupées!
Tous les mercredis et samedis/Réservation obligatoire.
Durée de la fête environ 2h30. 10€ par enfant (maximum 12 enfants)

Ateliers créatifs
Participe[3] aux activités dans nos ateliers et fais des masques rigolos[4] en carton et papier!

Adresse
Impasse Berthaud (quartier Beaubourg)
75003 Paris
Tél.: 01 42 72 73 11

Horaires d'ouverture
Du mardi au samedi de 10h00 à 18h00.
Fermé le lundi, le dimanche et les jours fériés.

Accès
Métro: ligne 11, station Rambuteau
Bus: lignes 29 – 38 – 47

Les tarifs
Plein tarif: 8€
Tarif réduit: 6€
Tarif enfants (de 3 à 11 ans): 4€

Sandra: Was genau kann man denn im Musée de la Poupée anschauen?
Du: ...
Sandra: Na ja, klingt etwas langweilig. Ist diese Geburtstagsfeier denn nicht eher etwas für kleine Kinder? Gibt es sonst noch etwas Interessantes? Kann man vielleicht bei irgendwelchen Aktivitäten mitmachen?
Du: ...
Sandra: Finden solche Geburtstagsfeiern da jeden Tag statt oder nur an bestimmten Tagen?
Du: ...
Sandra: Kannst du herausfinden, wie lange die Feier in etwa dauern wird?
Du: ...
Sandra: So etwas ist doch bestimmt sehr teuer. Wie viel zahlen die Richards für den Kindergeburtstag?
Du: ...
Sandra: Vielleicht kommt meine Mutter auch mit. Was kostet der normale Eintritt für einen Erwachsenen?
Du: ...
Sandra: Das geht ja. Vielleicht schaue ich mir dann das Museum zusammen mit meiner Mutter an. Gibt es denn auch eine Führung auf Deutsch oder auf Englisch?
Du: ...
Sandra: Die Richards wohnen in einem Vorort von Paris. Wie kommt man ohne Auto zum Museum hin?
Du: ...

1 un jouet ein Spielzeug – **2 ils enchanteront** sie werden verzaubern – **3 participer à qc** an etw. teilnehmen – **4 rigolo** *(fam.)* lustig *(ugs.)*

3

Unité 3
La vie au collège

Ecouter

1 Lundi matin au collège Balzac

7 Nous sommes lundi matin, au collège Balzac.
Il est huit heures moins cinq.

A *Ecoute le document et coche toutes les phrases correctes (… und kreuze **alle richtigen Sätze** an.)*

On écoute des informations pour …

- ☐ les élèves du collège.
- ☐ les professeurs du collège.
- ☐ les surveillants du collège.
- ☐ les élèves de quelques classes.
- ☐ les élèves qui participent à un projet.
- ☐ les professeurs qui organisent un projet.

B *Avant de continuer, trouve la traduction des mots et expressions suivants à l'aide des stratégies que tu connais. (Bevor es weitergeht, finde die Übersetzung der folgenden Wörter und Ausdrücke mithilfe deiner Vokabel-Strategien heraus. Denke auch an das Deutsche oder Englische.)*

TIPP

Hier ist eine kleine Vokabelarbeit vorgeschaltet. Versuche, die Bedeutung der Wörter und Ausdrücke durch Überlegen zu finden. Wenn du später die Aufgabe ein zweites Mal bearbeiten möchtest, decke den B-Teil ab!

le week-end: ____________________

excellent(e): ____________________

tous les élèves du collège: ____________________

un objet: ____________________

des documents *(m.)*: ____________________

important(e): ____________________

un(e) partenaire: ____________________

le travail: ____________________

un devoir de recherche: ____________________

un échange: ____________________

un formulaire: ____________________

prendre contact avec qn: ____________________

____

une liste: ____________________

C *Maintenant, écoute le document encore une fois. Puis, coche les bonnes phrases et complète les phrases **3–6** und **9–10**.*

1. Les élèves qui arrivent au collège parlent …

- ☐ du week-end.
- ☐ d'un projet du collège.
- ☐ d'une fête.

2. Aujourd'hui, Madame Mathieu …

- ☐ travaille au CDI avec sa classe.
- ☐ n'est pas là.
- ☐ fait des recherches.

3. Mercredi, les membres[1] de l'Action contre la faim vont ____________________.

---

1 un membre ein Mitglied

4. Ils vont ______________________ et ils vont présenter ______________________ .

5. Les élèves qui veulent préparent des ______________________ .

6. Cette semaine, les élèves ne peuvent pas avoir leurs cours d'EPS comme toujours parce que / qu' …

______________________ .

7. Les élèves de 6ᵉ et de 5ᵉ font des jeux …

☐ pendant la récréation. ☐ dans la cour, avec leurs profs de sport. ☐ avec les surveillants.

8. Monsieur Montagnard …

☐ prépare la course contre la faim avec quelques classes. ☐ fait de l'escalade[1]. ☐ fait du sport avec la classe de Mme Ducharme.

9. Dans la salle de S.V.T., on a trouvé: ______________________ .

10. Aujourd'hui, à __________ heures, les élèves qui ______________________ à l'échange avec ______________________ ont rendez-vous avec Madame Becker. Elle a ______________________ pour les parents et la liste des partenaires ______________________ .

Parler

2 Je propose de …

8

Führt zu zweit ein kurzes Gespräch auf Französisch über eine der beiden Situationen auf den Bildern. Einigt euch auf ein Bild, überlegt euch einige Ideen zum Inhalt, verteilt dann die Rollen und macht euch einige Stichworte. Was den eigentlichen Inhalt betrifft, so seid ihr ganz frei.

TIPP 1

Schau dir noch einmal den *On dit* -Kasten im Buch auf S. 51 an und präge dir die Ausdrücke gut ein, mit denen man Vorschläge machen und sie ablehnen oder akzeptieren kann.

TIPP 2

Auf der CD findet ihr die Textfassung. Immer, wenn dort „Pause zum Nachsprechen" steht, unterbrecht ihr das Abspielen und sprecht eure jeweilige Rolle nach.

1 **faire de l'escalade** klettern

Lire

3 Un courriel pour Gabrielle

→ En plus CD, 1 △

Vanessa écrit un courriel à sa copine Gabrielle.

Lis le courriel et associe les déclarations dans le tableau au smiley correspondant. Justifie ta réponse: note le ***numéro de la ligne****.*
(Lies die E-Mail, die Vanessa an Gabrielle schreibt, und bewerte die Aussagen in der Tabelle mit einem lachenden oder weinenden Smiley. Begründe deine Antwort: Notiere die jeweilige ***Zeilennummer****.*
Auf der CD findest du eine einfachere, kürzere Variante dieser Übung.)

TIPP

In der E-Mail von Vanessa geht es um die Schule. Sieh dir evtl. vorher noch einmal in deinem Buch an, was in einer französischen Schule anders ist als in einer deutschen.

de: vanessa@yahoo.fr
à: gab.mathieu@live.fr

Salut Gabrielle,

Tu n'es pas venue au collège, aujourd'hui. Tu es malade? Tu as la grippe? Pauvre Gabrielle! Rester au lit, avec ou sans grippe, moi, je trouve ça terrible. Une fois, ma petite sœur a eu un virus contagieux[1] et je n'ai pas pu aller au collège: être «malade» sans être malade, c'est bien! Mais toi, tu n'as pas de petite sœur …

Bon, je te raconte un peu la journée au collège: Madame Dubois, notre prof de S.V.T., n'est plus malade, elle est revenue aujourd'hui. Et qu'est-ce qu'on a fait avec elle? On est allés au CDI pour faire des recherches sur les oiseaux migrateurs[2]! J'aime être devant l'ordinateur et surfer sur Internet, mais au CDI avec Madame Dubois, c'est nul! Je déteste ça: faire des recherches sur des choses qui ne m'intéressent pas. Et chatter, écrire des courriels aux copines, chercher des nouvelles des stars qu'on aime: avec Madame Dubois, non, non, et encore non. En plus, j'ai travaillé avec Pierre, tu imagines? Une catastrophe!

Dans le cours d'EPS, on a encore parlé de l'Action contre la faim: courir[3] combien de kilomètres? Comment trouver des sponsors? Toujours des discussions … bof. Moi, je ne veux pas parler de la course, je veux faire la course. Et je n'aime pas chercher des sponsors. Mais en principe, ce projet, c'est une bonne chose, tu ne trouves pas?
Pendant la récré, nous avons beaucoup rigolé avec le nouveau surveillant, il est vraiment sympa. Et, quelle surprise, il aime le judo, comme moi …

Salut et à bientôt, j'espère!
Vanessa

Qu'est-ce que Vanessa aime ☺ ? Qu'est-ce qu'elle déteste ☹ ?

rester au lit			surfer sur Internet		
travailler avec Pierre			écrire des courriels		
le nouveau surveillant			être au CDI avec la prof de S.V.T.		
l'Action contre la faim			courir		
discuter du projet pendant le cours			le judo		
quand sa sœur doit[4] rester à la maison			chatter avec ses copines		
chercher des informations sur les oiseaux[5] sur Internet			chercher des sponsors pour la course		

1 contagieux, contagieuse ansteckend – **2 des oiseaux migrateurs** *(m.)* Zugvögel – **3 courir** laufen, rennen – **4 elle doit** sie muss – **5 un oiseau, des oiseaux** ein Vogel, Vögel

Ecrire

4 Un cours de S.V.T. bizarre

→ En plus CD, 2 ▲

C'est le cours de S.V.T. de la 4e B avec Madame Biault.

Regarde les images. Puis, choisis et souligne dans l'encadré les mots et les expressions qui peuvent te servir pour écrire une histoire. Enfin, écris un petit texte d'environ 50 à 60 mots dans ton cahier.
(Schau dir die Bilder an. Suche dann aus den Wörtern und Ausdrücken im Kasten diejenigen heraus, die dir für eine Geschichte nützlich sein können und unterstreiche sie.
Schreibe dann einen kleinen Text von ungefähr 50 – 60 Wörtern in dein Heft. Du musst nicht alle Wörter aus dem Kasten benutzen!
Du kannst zum Beispiel auch nur Bild 1 und 3 beschreiben.
Auf der CD findest du eine schwierigere Variante der Übung, in der du zwar keine Hilfe durch Wörter und Ausdrücke hast, in der du aber „übrige" Wörter und Ausdrücke aus diesem Kasten verwenden kannst.)

TIPP

Auf S. 37 im Buch findest du unter *„Savoir raconter"* Strategien, wie man eine Geschichte gut erzählen kann. Lies dir dies am besten durch, bevor du mit dieser Aufgabe beginnst.

parler des chiens ■ dans nos familles ■ inviter une dame de la S.P.A. ■ venir aujourd'hui ■ avec un petit chien ■ d'abord très sympa ■ tout le monde aime … ■ Coco court[1] très vite ■ dans la salle de classe ■ les élèves n'écoutent plus Madame Biault ■ les élèves rigolent[2] ■ le chien fait pipi ■ mange le sandwich de … ■ avoir un peu peur ■ être en colère ■ la catastrophe ■ elle court après ■ ils quittent la classe ■ vouloir travailler ■ ne pas faire attention ■ regarder par la fenêtre ■ dans la cour ■ ils courent toujours ■ à la fin ■ un cours bizarre ■ aimer ce cours de S.V.T.

1

2

3

4

1 **il / elle court (verbe: courir)** er / sie läuft / rennt (Verb: laufen, rennen) – 2 **rigoler** *(fam.)* lachen

Médiation

5 Une journée d'action contre la faim

Du bist mit deiner Familie auf einem Campingplatz in Frankreich. Deine Cousine Antonia ist auch mit dabei. Ihr beide steht vor einem Plakat am Kiosk des Campingplatzes. Du liest dir alles durch und willst dann Antonia, die kein Französisch versteht, berichten.

Journée d'action contre la faim

Samedi, 21 août, de 10 heures à 18 heures

En coopération avec *L'Action contre la faim*, nous organisons une journée d'action et nous invitons tout le monde: participez! Venez et faites des jeux et des actions avec nous – et aidez les pauvres et les personnes qui ont faim!

Programme

- **A 10 h 00**, le docteur Lambado va venir ici pour parler de son travail. Il est membre[1] de *L'Action contre la faim* et il travaille dans un hôpital[2] en Afrique. Là, il trouve souvent des enfants qui sont malades[3] parce qu'ils n'ont pas assez à manger.
- **De 9 h 00 à 11 h 30**, c'est notre «Cuisine contre la faim». On prépare un grand repas pour tout le monde.
- **A midi**, vous pouvez «Manger contre la faim des autres!» On mange le grand repas (qui va être très bon!), on donne 10 € par personne, et voilà: on mange contre la faim des pauvres.
- **A 15 h 00**, la course sponsorisée commence. Vous aimez courir? Alors, participez! Il y a deux courses: 5 km pour les enfants, 15 km pour les adultes[4].
- **De 14 h 00 à 16 h 00**, les enfants peuvent faire des dessins. On va faire une exposition[5] où vous pouvez acheter les dessins et donner l'argent[6] à *L'Action contre la faim*.
- **A 17 h 30** finalement, il y a une autre action sportive: «A la fin, contre la faim: nager et aider». Tout le monde peut participer. On nage ensemble. On donne 5 € pour chaque personne qui arrive au ballon rouge (300 mètres).
- **Sur la terrasse:** musique du groupe folklorique «Les folklos».

Alors, à bientôt!

Um zu entscheiden, was du ihr vorschlagen kannst, überlegst du dir noch einmal, was du über Antonia weißt.

- Ist sehr sportlich: Macht gerne Judo, fährt gerne Fahrrad und läuft auch sehr gerne, aber kann nicht schwimmen.
- Isst gerne und viel.
- Mag Kunstunterricht in der Schule überhaupt nicht, macht nicht gerne das, was die Lehrer von ihr wollen. Mag eigentlich Zeichnen, malt oft Bilder, die überall bei ihnen im Haus hängen.
- Interessiert sich für die Situation von Kindern in Afrika, hat das Thema „Hunger" in einem Referat behandelt.
- Findet Folklore-Musik abscheulich!

Du notierst dir zuerst Stichwörter auf einem Papier und informierst dann Antonia.

1 un membre ein Mitglied – **2 un hôpital, des hôpitaux** ein Krankenhaus, Krankenhäuser – **3 malade** krank – **4 un(e) adulte** ein(e) Erwachsene(r) – **5 une exposition** eine Ausstellung – **6 l'argent** das Geld

En forme

6 Le poème de verbes (G 12)

*Lis le poème qu'un jeune a rédigé. Puis, complète-le avec les bonnes formes des verbes au **passé composé**.*
*(Lies das Gedicht, das ein verliebter junger Mann verfasst hat. Ergänze es dann mit den richtigen Formen der Verben im **Passé composé**.)*

TIPP
Du kannst das Gedicht auch singen, dann prägen sich die *être*-Verben, wie ein „Ohrwurm", besonders gut ein!

Ma copine est partie[1]!

Elle ______________________ dans le train — **monter**

Qui ______________________ à Paris. — **aller**

Et moi, je ______________________ à Berlin. — **rester**

Je ______________________ et — **retourner**

Je ______________________ chez moi, — **rentrer**

Je ______________________ parce que — **tomber**

Je / J' ______________________ : – Elle ne revient pas … — **penser**

Quand je ______________________ , — **arriver**

Et quand je ______________________ chez moi, — **entrer**

On a sonné[2].

Je suis sorti[3] et

Je ______________________ : — **descendre**

Elle ______________________ ! — **revenir**

Vis-à-vis / Les mots t les lettres

7 Ce n'est pas comme chez nous.

Dans un collège français, tout n'est pas comme chez nous. Trouve les mots ou expressions qui correspondent aux explications. (In einer französischen Schule ist nicht alles so wie bei uns. Finde die Wörter oder Ausdrücke, die den Erklärungen entsprechen.)

1. Une année scolaire a trois périodes de travail. — 1. ______________________
2. Quand un(e) prof n'est pas là, la classe va en salle de … — 2. ______________________
3. C'est un(e) jeune qui s'occupe[4] des élèves pendant la récréation, à la cantine, etc. — 3. ______________________
4. C'est un petit cahier où les profs écrivent des messages pour les parents. — 4. ______________________

1 elle est partie *(verbe: **partir**)* sie ist weggegangen *(Verb: weggehen)* – **2 sonner** klingeln – **3 je suis sorti** *(verbe: **sortir**)* ich bin hinausgegangen *(Verb: hinausgehen)* – **4 s'occuper de qn** sich um jdn. kümmern

Lire / En forme

8 Quelle journée! (G 12)

→ En plus CD, 3 △

Lis d'abord le texte sur la journée de Pauline.
(Lies zuerst, wie Paulines Tag so verläuft.)

Le matin, à 7 heures, Pauline ne veut pas sortir[1] de son lit. Sa mère et sa sœur descendent à la cuisine et prennent leur petit-déjeuner sans elle. Finalement, Pauline arrive aussi. Mais elle oublie son sac, alors elle monte dans sa chambre. Elle quitte la maison à 7 h 45, mais elle arrive en retard pour le cours de maths. Quand elle entre dans la salle de classe, la prof ne lui[2] dit pas bonjour. En plus[3], Pauline ne sait pas expliquer le problème de maths parce qu'elle ne comprend rien. Plus tard, le prof de français veut contrôler les devoirs. Pauline cherche son cahier, mais elle ne trouve pas son cahier …
Après la récré, la classe va au gymnase. Les élèves jouent au foot, et … zut! Pauline tombe. Après le cours de sport, elle rentre enfin à la maison, ouf!
Quelle journée de catastrophes!

TIPP

Vergiss nicht,
- dass Pauline **am Abend** erzählt;
- dass sich an manchen Stellen des Textes die **Pespektive ändert**, denn Pauline erzählt in der **Ich-Form**;
- dass bei den ***être***-Verben evtl. das **Partizip angepasst** werden muss.

***Le soir**, Pauline raconte tout à son frère. Mets-toi **à sa place** et écris sa journée.*
*Fais attention au **temps** et aux **participes passés**.*
*(**Am Abend** erzählt Pauline alles ihrem Bruder. Versetze dich an **ihre Stelle** und schreibe den Tagesverlauf auf. Achte dabei auf die **Zeit** und die **Formen des Partizips**.*
Auf der CD findest du eine einfachere Variante dieser Übung. Du kannst sie zuerst machen.)

–

---

1 sortir *hier:* aufstehen – **2 lui** *hier:* ihr *(wird beim Perspektivenwechsel zu **me / m'** = mir)* – **3 en plus** außerdem

En forme

9 C'est compliqué de travailler ensemble … (G 9, 10, 11)

Dans la cour du collège …

Lis leur dialogue. Puis, complète-le avec les bonnes formes des verbes ***savoir****,* ***venir****,* ***pouvoir*** *et* ***vouloir****. Mets les verbes à la* ***forme négative*** *–* *quand c'est indiqué et fais attention aux* ***temps*** *entre parenthèses.*
(Lies ihren Dialog. Ergänze ihn dann mit den richtigen Formen der Verben ***savoir****,* ***venir****,* ***pouvoir*** *und* ***vouloir****.* ***Verneine*** *das Verb, wenn es mit* *–* *angegeben wird und achte auf die* ***Zeiten*** *in Klammern.)*

Alex: Vous ____________ qu'il faut faire[1] un exposé pour le cours de S.V.T.?

Lucas: Ah zut! Tu ____________ pour quand?

Alex: Je – ____________ exactement, c'est pour vendredi, non?

Lucas à Romain: On ____________ le faire ensemble, si tu ____________.

Romain: Ah? Pourquoi tu – ____________ travailler avec Julie, comme toujours?

Lucas: Elle – *(passé composé)* ____________ travailler avec moi … Alors?

Romain: Oui, d'accord, je ____________ bien. Nous ____________ travailler chez moi,

tu ____________ ____________ demain?

Lucas: Ah non, je – ____________ demain.

Ma copine *(futur composé)* ____________.

Romain: Dommage!

Alex: Vous ____________ faire des recherches[2] au CDI, à midi …

Lucas: Ah non, à midi, j'ai faim, je vais à la cantine. Mais écoute, Romain, ce n'est pas un problème

parce que je ____________ que la prof – ____________, vendredi …

Alex et Romain: Hein??

Lucas: Oui, les profs de S.V.T. – ____________,

ils ____________ faire une excursion …

1 il faut faire qc man muss etw. tun – **2 faire des recherches** recherchieren

Ecouter

1 Une course sous la pluie[1]?

9 Il pleut. Sous le préau[2] de leur collège, Valentin et Mathilde discutent.

A *Ecoute le document, puis coche la seule bonne phrase. (Höre das Dokument und kreuze* ***den einzigen richtigen Satz*** *an.)*

1. Les élèves du collège	ne veulent pas participer à la course contre la faim.	☐
	ne peuvent pas participer à la course contre la faim.	☐
2. Valentin	ne veut pas participer à la course contre la faim.	☐
	ne peut pas participer à la course contre la faim.	☐
3. Mathilde	ne veut pas participer à la course contre la faim.	☐
	ne peut pas participer à la course contre la faim.	☐

B *Ecoute le document encore une fois. Vrai ou faux? Coche.*

	vrai	faux
1. La course contre la faim, c'est demain.	☐	☐
2. Valentin trouve qu'on peut très bien faire la course sous la pluie.	☐	☐
3. Les élèves préparent leur course depuis trois mois.	☐	☐
4. Mathilde dit qu'on va arrêter la journée d'action. C'est une catastrophe!	☐	☐
5. Valentin a organisé la course avec Monsieur Dufour.	☐	☐
6. Monsieur Dufour dit qu'il veut arrêter ce projet.	☐	☐
7. D'après[3] la météo, demain, après la pluie, le temps va être magnifique.	☐	☐
8. Valentin a très envie de faire la course avec ses nouvelles[4] baskets.	☐	☐
9. Mathilde a un peu peur du mauvais temps.	☐	☐
10. Mathilde a trouvé beaucoup de sponsors.	☐	☐
11. Pour Valentin, c'est compliqué de trouver des sponsors.	☐	☐
12. Finalement, les parents et les grands-parents de Valentin sont des sponsors.	☐	☐
13. Mathilde a une idée pour aider Valentin.	☐	☐
14. Son grand-père va être le sponsor de Valentin peut-être.	☐	☐

1 sous la pluie bei Regen – **2 un préau** ein Vordach – **3 d'après** nach – **4 nouveau, nouvelle** neu

Grammaire et vocabulaire

2 L'histoire des baskets

Valentin a des baskets super jolies. Voilà l'histoire que Sarah, une copine de Valentin, raconte à sa mère **le lendemain**[1].
Lis le texte, puis complète-le avec les verbes ***au temps correct*** *et à la bonne forme.*

«**Hier** après-midi, Valentin *(aller)* __________ dans la rue de Rennes avec son copain. D'abord, ils *(vouloir)* __________ chercher des CD, puis Valentin *(entrer)* __________ dans un magasin de sport où il *(attendre)* __________ son copain au rayon[2] des baskets. Tout à coup, il *(voir)* __________ deux garçons: un garçon *(parler)* __________ avec la vendeuse et l'autre, très vite, *(prendre)* __________ deux paires[3] de baskets, puis il *(vouloir)* __________ quitter le magasin. Mais Valentin *(vite comprendre)* __________ : des voleurs[4]! Un croche-pied[5] … et voilà, le garçon *(tomber)* __________ . La vendeuse *(appeler)* __________ la police et le chef de rayon *(venir)* __________ . Il *(dire)* __________ merci à Valentin et il lui[6] *(faire)* __________ un cadeau: une nouvelle paire de baskets. Alors Valentin *(être)* __________ très content.»

Médiation

3 Valentin

Dieser Artikel ist auf der Website eurer französischen Austauschschule. Laura, eine Freundin, sieht dir über die Schulter. Sie versteht kein Französisch, aber sie erkennt den Jungen auf dem Bild, Valentin, vom letzten Aufenthalt der französischen Klasse in eurer Schule. Und für den interessiert sie sich! Sie bittet dich, ihr alles, was dort über ihn steht, genau zu berichten. Sie will auch unbedingt wissen, wer das Mädchen auf dem Bild ist. Alles andere interessiert sie nicht.
Du machst dir zunächst Stichworte.

Une course contre la faim – et contre la pluie

Comme l'année dernière, notre collège fait une «course contre la faim». M. Dufour, professeur de sport, a organisé cette journée d'action avec ses collègues et les surveillants du collège. Les élèves ont cherché des sponsors pour leur course. Samedi matin, enfin, tout le monde est venu pour courir[7] ou pour regarder les jeunes sportifs. Mais, catastrophe, le matin, il a commencé à pleuvoir.
Quelques élèves n'ont pas voulu courir sous la pluie …
Au début, Valentin M. (4e B) n'a pas voulu participer à la course parce qu'il n'a pas trouvé de sponsors et parce qu'il n'aime pas être mouillé[8]. Finalement, il a fait une course de six kilomètres. Après la deuxième étape, il a voulu arrêter, mais il a pensé aux enfants qui ont toujours faim. Valentin connaît bien cela: être pauvre. Alors, il a continué. Et il est arrivé seul à la dernière étape, les autres ont arrêté leur course avant. Valentin a eu des applaudissements et des «Bravo!». Notre image montre sa sœur Carla (6e D) qui félicite son frère.
Et puis, il y a eu la grande surprise: tout à coup, le portable de M. Dufour a sonné et un monsieur anonyme a donné 100 € pour Valentin! Un grand MERCI à Valentin M. et à ce monsieur! La course a été un grand succès pour notre collège et contre la faim.

---
1 le lendemain am nächsten Tag – **2 un rayon** eine Abteilung – **3 une paire** ein Paar – **4 un voleur** ein Dieb – **5 (faire) un croche-pied** ein Bein stellen – **6 lui** *hier:* ihm – **7 courir** laufen, rennen – **8 mouillé(e)** nass

Unité 4

Fou de cuisine!

Lire

1 «Maxime Cuisinier»

→ En plus CD, 1 △

Au programme de la télé, cet après-midi, on annonce une émission pour les enfants avec Maxime Cuisinier.
(Im Fernsehprogramm wird für heute Nachmittag eine Sendung mit Maxime Cuisinier angekündigt.)

A *Regarde la photo et lis le texte, puis coche la bonne phrase.*

TV_pour nous.fr ★★★

Aujourd'hui, mercredi 22 septembre

Notre conseil[1] pour les enfants et les parents qui cherchent des idées:
«Maxime Cuisinier» à 16 h 05, nouvel épisode de la série.

Maxime Cuisinier, c'est le pro[2] de la cuisine pour enfants. Pendant très longtemps, il a fait la cuisine dans les cantines de plusieurs collèges et il a bien écouté les élèves qui ont parlé des plats qu'ils aimaient[3] ou n'aimaient pas. Avec Maxime Cuisinier, vous allez découvrir[4] une nouvelle cuisine pour vous, une cuisine que les enfants aiment et que les enfants peuvent préparer sans problème. Parce que, préparer de bons repas pour vous, les enfants, c'est facile! Avec Maxime, c'est même très facile! Et en plus, vous allez rigoler, c'est sûr!

Dans notre émission[5], Maxime Cuisinier va inviter des enfants au studio pour un week-end. Ils vont faire les courses ensemble et plus tard, dans notre studio-cuisine, ils vont préparer des repas en petits groupes. Maxime explique tout et donne des informations intéressantes sur les légumes, les fruits, etc. Avec Maxime, on découvre des légumes ou des fruits qu'on ne connaît pas encore. Et il raconte des histoires amusantes ou bizarres sur quelques plats. Et bien sûr, les enfants peuvent manger les repas qu'ils ont préparés. Vous allez voir s'[6]ils aiment ou non …

C'est un atelier de cuisine pour enfants filmé par[7] la caméra. Comme ça, vous pouvez faire le même plat chez vous, à la maison. Une idée: faites une surprise à votre famille, préparez un repas pour vos frères et sœurs! Papa et maman vont aussi aimer votre surprise!

Vous voulez préparer un plat plus tard? Alors, allez sur notre site Internet. Sur la médiathèque, vous trouvez les recettes[8] et les conseils de Maxime Cuisinier et vous pouvez revoir[9] l'émission de mercredi pendant 7 jours.

1
Maxime Cuisinier vient dans une famille et prépare une surprise avec les enfants.
☐

2
La caméra vient dans la cuisine de Maxime Cuisinier et montre comment il prépare des repas pour des enfants.
☐

3
Maxime Cuisinier invite des enfants au studio et ils font la cuisine ensemble, devant la caméra.
☐

---

1 un conseil *hier:* eine Empfehlung – **2 un pro(fessionnel)** ein Profi – **3 ils (n')aimaient (pas)** sie mochten (nicht) – **4 découvrir (on découvre)** entdecken (man entdeckt) – **5 une émission** eine (Fernseh-)Sendung – **6 si** *hier:* ob – **7 filmé(e) par** gefilmt von – **8 une recette** ein Rezept – **9 revoir qc** etw. noch einmal anschauen

B *Maintenant, lis le texte encore une fois. Vrai ou faux? Coche et justifie ta réponse: écris le numéro de la ligne. Réponds aussi à la question* ***14****.*

	vrai	faux	ligne(s)
1. L'émission va passer à la télé demain après-midi.	☐	☐	
2. C'est une émission pour les enfants qui cherchent des idées.	☐	☐	
3. C'est une série à la télé qui passe tous les mercredis[1].	☐	☐	
4. Maxime Cuisinier est acteur, il est un pro de la télé.	☐	☐	
5. Il a travaillé dans la cantine d'un collège.	☐	☐	
6. Dans l'émission, on montre des plats que les enfants aiment.	☐	☐	
7. Préparer des bons plats pour enfants, ce n'est pas facile.	☐	☐	
8. *TV_pour nous.fr* a une cuisine dans un studio.	☐	☐	
9. Maxime Cuisinier fait les courses avec un assistant de l'émission.	☐	☐	
10. Dans cette émission, il y a aussi des informations sur les fruits et légumes.	☐	☐	
11. La caméra montre aussi si[2] les enfants aiment les repas ou non.	☐	☐	
12. Pour faire les plats de Maxime Cuisinier à la maison, on peut trouver les recettes sur Internet.	☐	☐	
13. Sur Internet, on peut toujours revoir l'émission.	☐	☐	

14. Noémie veut faire une surprise à son petit frère et à sa maman. Son idée, c'est: préparer un bon dessert. Est-ce que l'émission «Maxime Cuisinier» donne un bon conseil? Oui? Non? Pourquoi (pas)?

__________, parce que les recettes de Maxime Cuisinier __________ et on peut faire

__________. La maman va __________ aussi.

Ecrire

2 Un courriel à Carla et Grégoire

Raphael de Berlin est chez son correspondant français, Louis. Ils regardent l'émission «Tfou de cuisine». Raphael s'intéresse beaucoup à la cuisine. Alors les garçons ont l'idée de visiter le studio-cuisine de la télé et de parler avec Grégoire et Carla. Ils sont sûrs que Grégoire et Carla s'intéressent à la cuisine allemande et qu'ils aiment discuter avec un jeune Allemand qui est fou de cuisine …

(Raphael aus Berlin ist bei Louis, seinem französischen Austauschpartner. Sie sehen die Sendung „Tfou de cuisine". Raphael interessiert sich sehr für das Kochen. Die beiden Jungen kommen deshalb auf die Idee, die Studioküche des Fernsehsenders zu besuchen und mit Grégoire und Carla zu sprechen.
Sie sind sicher, dass sich Grégoire und Carla für die deutsche Küche interessieren und gerne mit einem jungen Deutschen, der auch koch-verrückt ist, diskutieren würden.)

Ecris le courriel de Raphael et Louis à Grégoire et Carla dans ton cahier.

---

1 passer tous les mercredis jeden Mittwoch (im Fernsehen) laufen – **2 si** *hier:* ob

Parler

3 Je prépare l'interro orale.

10 **A** *Ecoute le CD et réponds aux questions de la professeure. (Höre auf der CD die Fragen der Lehrerin und antworte darauf in den Sprechpausen. Schau anschließend in den Lösungen nach, wie die Antworten lauten könnten. Wiederhole den Sprechvorgang mit den Lösungen.)*

11 **B** *Regarde les images et décris-les. (Schau die Bilder an und beschreibe sie. In den Lösungen findest du ein Beispiel des Gesprächsverlaufs.)*

TIPP

Es ist gut möglich, dass eure Klasse nach der Unité 4 eine **mündliche Klassenarbeit** macht. Dafür kannst du mit dieser Aufgabe üben, und auch in der *Interro* zu dieser Unité kannst du prüfen, ob du fit für eine mündliche Prüfung bist (S. 46, 47).
Es beginnt meist mit einigen „Eisbrecher"-Fragen des Lehrers (= *questions brise-glace*). Die übst du in Teil **A**, danach sollst du in Teil **B** und **C** allein oder mit einer Partnerin / einem Partner etwas ausführlicher sprechen.

12 **C** *Avec un(e) partenaire, faites la discussion. Imaginez la situation suivante. (Stellt euch folgende Situation vor.)*

Tu aimes les chats. Enfin, tu as un petit chat! C'est le premier jour avec ton chat à la maison. Ta copine / Ton copain est là aussi. Tu veux donner du lait au chat, mais ta copine / ton copain dit que ce n'est pas bon. Un petit chat, qu'est-ce qu'il mange et qu'est-ce qu'il boit?

Du *gehst davon aus, dass Katzen Milch trinken. Das hast du schon in vielen Büchern gesehen. Außerdem hatte deine Oma Katzen und hat ihnen in der Küche immer einen Teller mit Milch hingestellt.*

Dein(e) Freund(in) *freut sich über deine Katze, aber sie / er glaubt, dass du nicht viel Ahnung von Katzen hast. Da sie / er sich auch für Katzen interessiert, liest sie / er immer die Artikel über Katzen, die in Zeitschriften erscheinen und sieht gerne Sendungen im Fernsehen über Katzen. Und daher glaubt sie / er, dass Milch für kleine Katzen überhaupt nicht gut ist.*

Am Schluss kommt ihr zu einer Einigung, z. B., indem ihr jemanden fragt, der sich auskennt, oder ihr im Internet recherchiert und Blogs darüber lest.

*(Hört euch **hinterher** auf der CD an, wie eine Beispiel-Diskussion verlaufen könnte und sprecht sie nach.)*

Médiation

4 Le musée du chocolat

Nora lebt in Köln und bekommt bald Besuch von ihrer französischen Freundin Samira. Per E-Mail hat sie ihr den Link zum Schokoladenmuseum geschickt und vorgeschlagen, dort hinzugehen, wenn Samira in Köln ist. Aber Samira hat die deutsche Website kaum verstanden und hat zudem einige Fragen.
Weil du nicht alle notwendigen Begriffe, die du brauchst, auf Französisch kennst, hast du sie vorher aus dem Wörterbuch herausgesucht und auf einem Zettel notiert.

der Kölner Dom – *la cathédrale de Cologne*
die Kakaobohne – *la fève de cacao*
die Pflanze – *la plante*
die Plantage – *la plantation*
die Maschine – *la machine*
die Tafel Schokolade – *la tablette de chocolat*
herstellen – *fabriquer*

Das Schokoladenmuseum liegt – wie ein Schiff – auf der Rhein-Halbinsel, direkt in der Nähe der Innenstadt und dem Kölner Dom.
Das Schokoladenmuseum in Köln ist das weltweit einzigartige Museum der Schokolade, das auf spannende Weise alle Themen zu diesem wunderbaren Lebens- und Genussmittel zeigt. Viele Millionen Gäste aus aller Welt haben hier das Geheimnis der Schokolade entdeckt. Somit gehört es zu den zehn meistbesuchten Museen Deutschlands. Die Schokolade ist schon ungefähr 4.000 Jahre alt. Ein Rundgang durch die drei Etagen des Museums zeigt die Geschichte der Schokolade und die Welt, in der die Kakaopflanzen wachsen. Das Museum zeigt den Besuchern auch, wie aus den Kakaobohnen Schokolade wird, und man kann die Maschinen sehen, die der fertigen Schokolade die verschiedenen Formen geben.
Kinder können am Ende selbst eine Tafel Schokolade herstellen. Und alle Besucher können kostenlos Schokolade essen und im Shop auch kaufen.

Eintrittspreise:
Erwachsene 8,50 €
Kinder 6,00 €
Gruppe ab 15 Pers.: 8,00 €
Familienkarte: 24,00 €

Öffnungszeiten:
Di. bis Fr. 10:00 – 18:00 Uhr
Sa. / So. / feiertags 11:00 – 19:00 Uhr
Im Dezember ist das Museum täglich geöffnet – von Montag bis Sonntag

Kontakt:
Schokoladenmuseum Köln GmbH
Am Schokoladenmuseum 1a
50678 Köln
Germany
Tel.: +49-221-931 888-0
office@schokoladenmuseum.de
www.schokoladenmuseum.de

Les questions de Samira:

1. Est-ce que nous pouvons aller au musée du chocolat mardi?
   Du: …
2. Après la visite de la ville, est-ce qu'on peut aller au musée à pied?
   Du: …
3. Qu'est-ce qu'on peut voir dans ce musée?
   Du: …
4. Est-ce qu'on trouve des informations sur les plantes et les plantations de cacao? J'ai un exposé à faire pour le cours de S.V.T.
   Du: …
5. Est-ce qu'on peut aussi manger du chocolat?
   Du: …
6. Est-ce que je vais trouver des petits cadeaux en chocolat pour mes frères et sœurs dans le «shop»? J'ai lu ce mot à la fin du texte …
   Du: …

Notiere dir deine Antworten auf Samiras Fragen auf einem Blatt Papier.

En forme

5 On prépare une fête. (G 13–15)

→ En plus CD, 2

Naïma et Fabrice préparent une fête avec leurs copains et copines. Au téléphone, ils discutent et font une liste: qu'est-ce qu'il faut faire, qu'est-ce qu'il faut acheter?

Lis le texte, puis complète-le avec l'article qu'il faut ou avec l'article partitif.
*(Lies den Text, ergänze ihn dann mit den passenden **bestimmten Artikeln le, la, l', les**, den **Teilungsartikeln du, de la, de l', des** und den **Mengenangaben mit de**.)*

Fabrice: Ecoute, pour notre fête, il faut surtout ________ musique! ________ CD, beaucoup ________ CD, surtout de Thomas Fersen! *Naïma:* Moi, je n'ai pas ________ CD de ce chanteur. Et toi, Fabrice? *Fabrice:* Oui, j'ai son album «Je suis au paradis» mais on peut inviter Benjamin. Dans sa chambre, j'ai vu un carton ________ CD de Thomas Fersen. *Naïma:* D'accord. Maintenant, faisons une liste pour ________ supermarché. *Fabrice:* Bon, qu'est-ce qu'on met sur ________ liste? *Naïma:* Ben, pour une fête, il faut ________ boissons, non? On achète ________ coca? Et ________ eau? Tu veux aussi ________ jus d'orange? *Fabrice:* J'ai noté ________ coca et ________ eau, mais les copains n'aiment pas ________ jus de fruits … *Naïma:* Tu veux dire que toi, tu n'aimes pas ________ oranges … *Fabrice:* Oui, c'est vrai. Mais dis-moi, qu'est-ce qu'on va manger? *Naïma:* ________ chips? ________ salade? Et peut-être ________ saucisses ou plutôt ________ poulet? *Fabrice:* ________ chips, bonne idée, et peut-être une salade? Mais pas ________ saucisses et pas ________ viande non plus[1], je n'ai pas envie de réchauffer[2] quelque chose … On prend combien ________ chips? *Naïma:* Cinq ou six grands paquets ________ chips, et puis ________ poivrons, ________ champignons et ________ huile d'olive pour la salade, d'accord? *Fabrice:* Oui, c'est bon! *Naïma:* Ah oui …, est-ce que ________ copains aiment ________ biscuits[3] ou un gâteau ou est-ce qu'ils préfèrent manger ________ fromage?

Fabrice: Pas trop ________ choses sucrées[4]! Je mets ________ fromage sur la liste, d'accord?

Naïma: D'accord. Et qui fait ________ courses?

Fabrice: Euh, tu sais, moi, j'ai beaucoup ________ devoirs aujourd'hui …

1 non plus auch nicht – **2 réchauffer qc** etw. warm machen – **3 un biscuit** ein Keks – **4 sucré(e)** süß

En forme

6 Une visite va arriver. (G 13 – 16)

Le papa de Max a invité un collègue avec sa famille. Ils viennent pour manger à la maison. Avec son frère Bruno, Max met la table.
(Max' Vater hat einen Kollegen mit seiner Familie eingeladen. Sie kommen zum Essen. Mit seinem Bruder Bruno deckt Max den Tisch.)

Lis le dialogue, puis coche le mot correct: ***article, article partitif ou pronom «en».***
(Lies den Dialog. kreuze dann das richtige Wort an: ***Artikel, Teilungsartikel*** *oder Pronomen* ***„en"*** *oder den* ***Strich*** *für* ***„gar nichts"****.)*

Max: Est-ce que tu as mis du sel[1] et du poivre[2]?

Bruno: Euh, j'ai mis ☐ **le** ☐ **–** ☐ **un** sel mais je ne trouve pas ☐ **–** ☐ **du** ☐ **de** poivre …

Max: Il faut encore ☐ **–** ☐ **d'** ☐ **de l'**eau pour boire …

Bruno: Il y a un litre ☐ **–** ☐ **de l'** ☐ **d'**eau sur la table.

Max: Ah, ça ne suffit pas[3], il ☐ **en** ☐ **les** ☐ **des** faut deux bouteilles …

Dis-moi, nous sommes combien ☐ **–** ☐ **des** ☐ **de** personnes?

Bruno: Avec ☐ **–** ☐ **les** ☐ **des** enfants, nous sommes huit.

Max: Alors, tu cherches le paquet ☐ **–** ☐ **de** ☐ **des** serviettes et tu ☐ **–** ☐ **en** ☐ **des** prends huit?

Bruno: On va mettre ☐ **–** ☐ **en** ☐ **des** bougies ou ☐ **–** ☐ **en** ☐ **des** fleurs[4] comme décoration[5]?

Max: Si tu veux. Il n'y a pas ☐ **–** ☐ **de** ☐ **des** bougies dans la maison, mais tu peux chercher

☐ **une** ☐ **de** ☐ **des** fleurs dans le jardin[6]. Zut, on n'a plus ☐ **–** ☐ **du** ☐ **de** pain!

Bruno: Ce n'est pas un problème, avec les moules, il ne faut pas ☐ **–** ☐ **le** ☐ **de** pain …

Max: Si, bien sûr, il ☐ **en** ☐ **du** ☐ **–** faut. Je vais vite ☐ **–** ☐ **du** ☐ **en** acheter à la boulangerie.

Bruno: D'accord. Moi, je vais chercher ☐ **en** ☐ **des** ☐ **–** fleurs dans le jardin et je vais ranger

☐ **l'** ☐ **la** ☐ **le** cuisine. Est-ce qu'il faut

ranger ☐ **les** ☐ **la** ☐ **des** chambres aussi?

Max: Mais non, Bruno, ils ne vont pas visiter

☐ **l'** ☐ **des** ☐ **les** chambres …

1 le sel das Salz – **2 le poivre** der Pfeffer – **3 ça ne suffit pas** das genügt nicht – **4 une fleur** eine Blume – **5 une décoration** *hier:* ein Tischschmuck – **6 un jardin** ein Garten

En forme

7 Dans le cours de S.V.T. (G 14)

→ En plus CD, 3

Au collège Balzac, dans la salle de S.V.T., quand les élèves font des expériences, il faut respecter des règles de sécurité. (Im naturwissenschaftlichen Fachraum des Collège Balzac müssen die Schülerinnen und Schüler Sicherheitsregeln beachten, wenn sie Experimente machen.)

Regarde les images et écris les règles comme dans l'exemple.
*Utilise **il faut / il ne faut pas** avec un verbe ou un nom.*

1

2

3

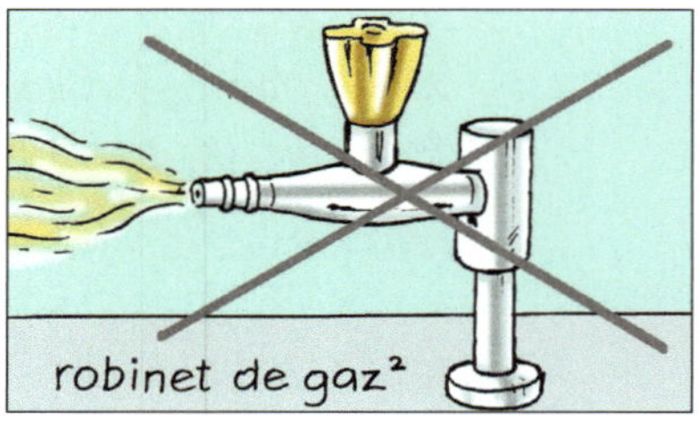

4

5

6

Exemple: **1.** Il faut mettre une blouse[1].

2. ____________________

3. ____________________

4. ____________________

5. ____________________

6. ____________________

En forme

8 Au restaurant (G 17)

Max et Bruno sont au restaurant avec leur grand-mère.

*Lis leur discussion, puis complète le texte avec les bonnes formes des verbes **boire, acheter, payer, préférer, espérer**. (Lies das Gespräch, ergänze dann den Text mit den richtigen Formen der Verben **boire, acheter, payer, préférer, espérer**.)*

Grand-mère: Qu'est-ce que vous ____________________, de l'eau ou un jus de fruit?

Max: Moi, je ____________ du coca! *Grand-mère:* Oh, je / j'____________ que papa et maman sont d'accord … Je sais qu'ils n'____________________ jamais de coca pour vous. *Bruno:* C'est vrai, nous

1 une blouse *hier:* ein Kittel – **2 un robinet de gaz** ein Gashahn ne / n' ________ pas de coca à la maison. *Grand-mère:* Je pense comme vos parents, je ne / n' ________ pas de coca parce que je n'en ________ pas. Mais bon, aujourd'hui, les enfants ________ du coca, d'accord. *Max:* Regarde, il y a des moules sur la carte. Nous ________ qu'il y a des frites avec … *Grand-mère:* Je sais, Bruno et toi, vous ________ les frites. *Max:* … et toi, tu ________ les moules, non? Et comme dessert, tu nous[1] ________ des crêpes ou des gaufres? *Grand-mère:* Ah, ces enfants! D'accord. Alors des moules-frites et un dessert pour vous deux. *Max:* Merci, mamie! Aller au restaurant avec papa et maman, c'est bien, mais nous ________ aller au restaurant avec toi!

Les mots
et les lettres

9 Qu'est-ce que tu dis?

Tu es dans une famille française. Qu'est-ce que tu dis?

Regarde les images et écris une phrase pour chaque situation. (Schau dir die Bilder an und schreibe zu jeder Situation einen Satz. Vielleicht hast du dir schon gemerkt, dass „Salz" auf Französisch „sel" heißt?)

TIPP

Lies dir am besten die Ausdrücke im *On dit*-Kasten in deinem Buch auf S. 67 durch, bevor du mit dieser Aufgabe beginnst.

1

2

3

4

5

6

1. ______________________________

2. ______________________________

3. ______________________________

4. ______________________________

5. ______________________________

6. ______________________________

1 nous *hier:* uns

Interro orale (Mündliche Klassenarbeit)

Wenn bei euch keine mündliche Klassenarbeit ansteht, kannst du dich mit einer zusätzlichen „Lire"-Aufgabe im En-plus-Teil auf eine schriftliche Klassenarbeit vorbereiten.

Die mündliche Klassenarbeit / Schulaufgabe dauert ca. 10 Minuten und besteht aus drei Teilen: **A**, **B** und **C**.

Teil A: Dein Lehrer / Deine Lehrerin stellt dir zwei oder drei Fragen zum „Aufwärmen" *(= questions brise-glace),* die du spontan beantworten sollst.

Teil B: Du schaust dir (eine) Abbildung(en) an und beschreibst sie. Dabei sprichst du frei *(= monologue minute).*

Teil C: Mit einem Partner / einer Partnerin führst du einen Dialog *(= dialogue)* oder machst ein Rollenspiel *(= jeu de rôle).* Deshalb gibt es auf der nächsten Seite einen Partnerbogen *(= version partenaire).* Falls du keine(n) Partner(in) zum Üben findest, kannst du auch erst die eine und dann die andere Rolle für dich allein üben.
Zur Vorbereitung hat jeder 10 Minuten Zeit. Ihr dürft euch bei der Vorbereitung Notizen machen, aber während der Prüfung dürft ihr sie nicht ablesen, sondern müsst frei sprechen.

Partie A: Questions brise-glace — Durée: 1–2 mn

13 Ecoute le CD et réponds aux questions de la professeure dans les pauses.

Partie B: Parler d'une image (monologue minute) — Durée: 1–2 mn

14 *Regarde les photos et compare-les.*
Qu'est-ce qu'il faut pour ce repas quand ton / ta correspondant(e) vient chez toi?
(Schau dir die Fotos an und vergleiche sie.
Was braucht man für diese Mahlzeit, wenn dein(e) Austauschpartner(in) zu Besuch kommt?)

Partie C: Qu'est-ce qu'on prépare? (dialogue) — Durée: 4–6 mn

15 Avec ta copine / ton copain, tu veux préparer une petite fête. Vous avez invité quelques copains. Ta copine / Ton copain propose de faire une pizza et comme dessert un gâteau au chocolat ou une salade de fruits pour tout le monde. Mais tu n'es pas d'accord, tu trouves que des chips ou des saucisses suffiraient (genügen würden). Comme dessert, on pourrait (könnte) proposer des glaces.

Alors, vous discutez. (Jede/r sucht zu ihrer / seiner Rolle Argumente und notiert sie. Anschließend sprecht ihr den Dialog.)

Version partenaire

Die mündliche Klassenarbeit / Schulaufgabe dauert ca. 10 Minuten und besteht aus drei Teilen: **A**, **B** und **C**.

Teil A: Dein Lehrer / Deine Lehrerin stellt dir zwei oder drei Fragen zum „Aufwärmen" *(= questions brise-glace)*, die du spontan beantworten sollst.
Teil B: Du schaust dir (eine) Abbildung(en) an und beschreibst sie. Dabei sprichst du frei *(= monologue minute)*.
Teil C: Mit einem Partner / einer Partnerin führst du einen Dialog *(= dialogue)* oder machst ein Rollenspiel *(= jeu de rôle)*. Deshalb gibt es auf dieser Seite einen Partnerbogen (= *version partenaire*).
Falls du keine(n) Partner(in) zum Üben findest, kannst du auch erst die eine und dann die andere Rolle für dich allein üben.
Zur Vorbereitung hat jeder 10 Minuten Zeit. Ihr dürft euch bei der Vorbereitung Notizen machen, aber während der Prüfung dürft ihr sie nicht ablesen, sondern müsst frei sprechen.

Partie A: Questions brise-glace — Durée: 1 – 2 mn

16 Ecoute le CD et réponds aux questions de la professeure dans les pauses.

Partie B: Parler d'une image (monologue minute) — Durée: 1 – 2 mn

17 *Regarde les photos et compare-les.*
On mange ce repas quand dans la journée?
Qu'est-ce que tu expliques à ton / ta correspondant(e) quand elle / il vient chez toi?
(Schau dir die Fotos an und vergleiche sie.
Um welche Mahlzeit am Tag handelt es sich?
Was erklärst du deiner / deinem Austauschpartner(in), wann sie / er zu Besuch kommt?)

Partie C: Qu'est-ce qu'on prépare? (dialogue) — Durée: 4 – 6 mn

18 Avec ta copine / ton copain, tu veux préparer une petite fête. Vous avez invité quelques copains. Tu proposes d'acheter des chips ou des saucisses et tu trouves que des glaces suffiraient (genügen würden) comme dessert. Mais ta copine / ton copain n'est pas d'accord, elle / il veut préparer une pizza pour tout le monde et faire un gâteau au chocolat ou une salade de fruits.

Alors, vous discutez. (Jede / r sucht zu ihrer / seiner Rolle Argumente und notiert sie.Anschließend sprecht ihr den Dialog.)

Unité 5
Une semaine à Arcachon

Regarder une vidéo

1 «Mission vacances»

Voilà Anaïs, 21 ans. Elle est à la maison et réfléchit …
(Da ist Anaïs, 21 Jahre. Sie ist zu Hause und überlegt …)

A *Regarde la vidéo et écoute bien ce qu'on y dit. Puis coche les bonnes réponses.*
(Schau das Video an und höre genau zu, was darin gesagt wird. Kreuze dann die richtigen Antworten an.).

Anaïs …

☐ parle des vacances qu'elle a passées en France. Elle montre les régions sur une carte et des photos.

☐ prépare ses vacances. Elle cherche des informations sur les régions qui l'intéressent et elle regarde des photos.

☐ prépare un exposé sur les régions de France où on peut passer de bonnes vacances. Elle a beaucoup de documents, maintenant elle doit choisir[1] une région pour son exposé.

TIPP

Am besten gehst du auch bei **Hör-Sehverstehens-Aufgaben** in **zwei Stufen** vor:
1. Stufe: Mache dir beim ersten Ansehen klar, worum es überhaupt geht und ob es sich z. B. um eine Dokumentation, einen Bericht etc. handelt oder ob etwas erzählt wird, und versuche den **Zusammenhang** zu verstehen (**Globalverständnis**). Nutze auf jeden Fall die Möglichkeit, auch **ohne das gesprochene Wort** schon viel von dem Film / der Sendung zu erfassen.
2. Stufe: Lies dir vor dem zweiten Ansehen die Fragen bzw. die Aufgabe durch, höre dann konzentriert auf den gesprochenen Kommentar und achte genau auf die Einzelheiten, die du wissen musst (**Detailverständnis**).

Elle parle …

☐ de la Normandie.
☐ de la Côte d'Azur / de la Riviera.
☐ des Pyrénées.
☐ de la Bretagne.
☐ de Paris.
☐ des Alpes.
☐ du Sud-Ouest.
☐ de la Provence.

B *Regarde la vidéo encore une fois, puis cherche les régions sur la carte dans ton livre et écris le nom de la région correspondante sous chaque image.*
(Sieh das Video nochmals an, suche die genannten Regionen auf der Frankreichkarte in deinem Buch und schreibe den Namen der entsprechenden Region unter jedes Bild.)

____

____

____

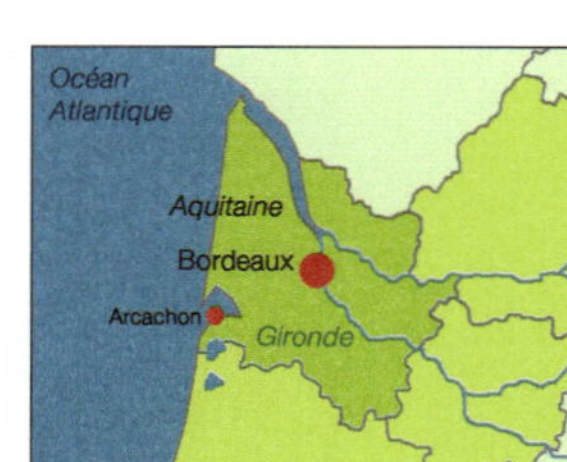

____

1 **elle doit choisir** sie muss auswählen

Maintenant, coche les bonnes réponses. Attention: plusieurs réponses peuvent être correctes.
(Kreuze dann die richtigen Antworten an. Mehrere Antworten können richtig sein.)

1. Anaïs voudrait[1]
- a) quitter Paris.
- b) partir, mais pas trop loin.
- c) partir très loin.

2. Anaïs aime
- a) les vacances au bord de la mer.
- b) le soleil et la plage.
- c) les vacances très sportives.

3. Sur la table, il y a
- a) des livres et des prospectus[2].
- b) un ordinateur.
- c) une tasse de café.

4. Pour trouver des informations, elle
- a) cherche sur Internet.
- b) regarde dans un grand livre.
- c) téléphone à une amie.

5. Elle trouve que préparer ses vacances
- a) c'est intéressant.
- b) c'est fatigant[3].
- c) c'est trop de travail.

6. Au mur[4], il y a
- a) une carte de France.
- b) une affiche de Paris.
- c) des photos de quelques régions de France.

C *Maintenant, coche les cases sur les aspects positifs et négatifs de chaque région.*
Attention: plusieurs réponses (ou aucune) peuvent être correctes. Finalement, complète la phrase.
(Kreuze jetzt die positiven und / oder negativen Aspekte jeder Region an.
Vorsicht: Es können jeweils mehrere Antworten oder auch gar keine richtig sein!
Ergänze schließlich noch den Satz.)

	aspects positifs +	**aspects négatifs –**
	Ce n'est pas très loin. Dans cette région, on mange bien. Anaïs trouve les vaches[5] et les chevaux[6] sympas. Il fait beau en été.	C'est trop loin de Paris. Anaïs n'aime pas trop le fromage de cette région. Elle a peur des vaches et des chevaux. Il pleut beaucoup.
	Il y a du soleil et des plages. Sur les plages, il y a de la place pour tout le monde. Les autoroutes sont très bonnes.	Il n'y a pas beaucoup de soleil. Sur les plages, on ne trouve pas de place. Sur les autoroutes, il y a des bouchons.
	Il fait beau temps. Les plages sont très grandes. On peut faire du surf ou nager dans les vagues.	Il fait chaud, mais pas toujours. Sur la plage, on joue au ballon, Anaïs n'aime pas ça. On peut lire sur la plage, mais pas nager, c'est trop dangereux.

Anaïs adore marcher[7] ____.

1 elle voudrait sie möchte gerne – **2 un prospectus** ein Prospekt – **3 fatigant(e)** anstrengend / ermüdend – **4 un mur** eine Wand – **5 une vache** eine Kuh – **6 un cheval, des chevaux** ein Pferd, Pferde – **7 marcher** laufen / marschieren

Lire / Parler / En forme

2 Un SMS de Noah (G 20)

19 Avec tes copains et copines français, tu fais un tour en ville, à Bordeaux. Tout à coup, tu vois un SMS de Noah, un autre copain, sur ton portable.

*Lis le SMS et explique le message de Noah à tes copains. Puis, explique-leur ce que tu penses de la proposition. Pense au **discours indirect**. (Lies die SMS und erkläre deinen Freunden, was Noah sagt bzw. fragt. Dann erkläre ihnen, was du von der Anfrage hältst. Denke an die **indirekte Rede**.)*

Tu commences par:
Noah demande / écrit / veut savoir …, etc.

Puis, tu continues par:
Moi, je trouve / suis d'accord / pas d'accord …

En forme

3 Un papier sur la table (G 18)

Quand Lucie arrive à la maison, elle trouve un papier sur la table de la cuisine. C'est un message de sa mère. (Als Lucie nach Hause kommt, findet sie auf dem Küchen tisch einen Zettel. Es ist eine Nachricht von ihrer Mutter.

*Lis le message et complète-le avec les pronoms objets «me, te, nous, vous». Mets les pronoms à la bonne place. (Lies die Nachricht und ergänze sie mit den Objektpronomen **me, te, nous, vous**. Achte darauf, die Pronomen an die richtige Stelle zu setzen!)*

Bonsoir, Lucie, je ______ appelle sur ton portable depuis une heure, mais ton numéro est toujours	dich
occupé[1]. Je / J' ______ ai ______ écrit un SMS mais tu ne ______ réponds pas. Est-ce que	dir / mir
tu ______ peux ______ expliquer? Bon, je ______ veux ______ dire: papa va arriver à	mir / dir
19 heures. Je ne ______ peux ______ pas ______ attendre parce que mon	euch
chef ______ a ______ invités* au restaurant, mes collègues et moi. Il ______	uns
a ______ donné rendez-vous à 18 heures.	uns
Pour manger, je ______ peux ______ proposer le poulet et la salade de carottes qui sont	euch
dans le frigo. Et je / j' ______ ai ______ préparé une mousse au chocolat. Ce soir, je ______	euch / dir
vais ______ raconter une histoire qui ______ va ______ intéresser …	dich

1 occupé(e) besetzt – * *das Partizip muss hier verändert werden, weil es sich auf einen Plural bezieht (vorausgehendes „objet direct" = vorausgehendes Akkusativobjekt, vgl. im Grammatischen Beiheft auf S. 42 die Besonderheit)*

Médiation

4 Manger un bouchon? Bizarre ...

→ En plus CD, 1

Du bist mit deiner Familie in Urlaub im Südwesten Frankreichs. In Bordeaux lernt ihr ein französisches Mädchen aus der Gegend kennen. Sie heißt Claire. Ihr freundet euch ein wenig an, aber deine Schwester versteht und spricht kein Französisch, also übernimmst du die Rolle des Dolmetschers. (Denk daran: ***Nicht wörtlich übersetzen****, sondern wiedergeben, was wichtig ist bzw., was die Person wissen will.)*

TIPP

Lies dir zuerst die gesamte Aufgabe durch. Wenn du den Eindruck hast, du verstehst die Sache mit dem „bouchon" gar nicht, kannst du dir auf der CD im *En plus*-Teil die Bilder dazu ansehen, dann wird es dir sofort klar und du kannst die Aufgabe wahrscheinlich ohne weitere Probleme bearbeiten.

Claire: Ah, vous êtes en vacances ici. Vous avez déjà fait la visite de la ville?

Du: ______________________________

____

Schwester: Ja, haben wir. Erzähl' ihr, dass wir mit diesem Touristenzug durch die Stadt gefahren sind. Und ich finde, Bordeaux ist wirklich eine schöne Stadt.

Du zu Claire: ______________________________

____

____

____

Claire: Ah, c'est chouette[1]! Et Bordeaux vous plaît? Moi aussi, j'aime bien la ville. Vous voulez manger un bouchon?

Du verstehst nicht, was sie meint und fragst nach, weil ein „bouchon" doch ein Verkehrsstau auf der Autobahn ist, den man doch nicht essen kann ...

Du zu Claire: ______________________________

____

____

Claire: Ah, oui, c'est vrai ... Mais un bouchon, c'est aussi pour fermer une bouteille de vin[2].

Du hast zwar verstanden, was Claire sagt, aber dir ist immer noch nicht klar, was sie meint. Essen die Franzosen denn Weinkorken?

Du zu Claire: ______________________________

____

Claire (lacht): Oui, on mange des «bouchons de Bordeaux», ce sont des bonbons, ils sont exactement[3] comme les bouchons d'une bouteille de vin, et ils sont très bons! Attendez, je cherche la boîte[4] de bouchons dans mon sac. Ma grand-mère m'a donné la boîte parce que je l'ai aidée dans son jardin. Elle sait que j'adore les bouchons de Bordeaux.

Deine Schwester will nun endlich wissen, worum es geht.

---

1 c'est chouette *(fam.)* das ist nett / toll *(ugs.)* – **2 le vin** der Wein – **3 exactement** genau – **4 une boîte** eine Schachtel / Dose →

Du: ______________________________

____

____

Claire: Ah, voilà, j'ai trouvé la boîte. Servez-vous[1] … et dites-moi si vous aimez …
Schwester: Schon klar, sie bietet uns diese Bonbons an. Sag ihr bitte irgendwas Tolles dazu, dass die wirklich gut schmecken, und dass ich gerne noch eins essen würde. Und da sie von ihrer Oma redet, fällt mir ein: Diese Bonbons wären doch ein schönes Geschenk für unsere Oma, oder? Frag mal, wo es die gibt und was sie kosten.

Du zu Claire: ______________________________

____

____

____

Claire: Ah oui, votre grand-mère va les aimer, c'est sûr! On les trouve dans les chocolateries … et oui, ils sont un peu chers. Venez, il y a la boutique d'un bon chocolatier pas loin, venez, on va y aller …

Du: ______________________________

____

Schwester: Super, also los …

En forme

5 Anaïs fait sa valise. (G 21)

→ En plus CD, 2 △ und 3 △

Pour le week-end, Anaïs veut partir à Fécamp en Normandie.
Elle fait sa valise avec sa copine, Hélène.

Lis le dialogue, puis complète-le avec ***les pronoms objets le, la, les, l'****.*
Fais attention à leur place.
(Lies den Dialog und ergänze ihn mit den ***Objektpronomen le, la, les, l'****.*
Achte auf ihre Stellung im Satz.)

Anaïs: Je cherche ma valise, tu ______ vois ______?

Hélène: Oui, je ______ vois ______ … sur le lit.

Anaïs: Ah … Regarde, ce t-shirt est joli, tu ne trouves pas? Je ______ vais ______ prendre.

Hélène: Oui, il est joli. Tu ______ peux ______ mettre sur la plage. *Anaïs:* Pour faire un tour en ville, je prends ces chaussures, je ______ trouve très cool … *Hélène:* Tu ______ veux vraiment ______ porter à Fécamp? Non, ne ______ mets pas ______ dans ta valise, je sais que tu ______ vas ______ porter dix minutes et tu vas avoir mal aux pieds[3]!

---

1 servez-vous bedient euch – **2 y** dort(hin) – **3 tu vas avoir mal aux pieds** dir tun die Füße weh

Anaïs: D'accord. Mais, dis, où est mon petit sac bleu? *Hélène:* Tu es dans la lune? Ton sac, tu ________ as ________ posé derrière la valise. *Anaïs:* Ah oui, merci. Et voilà mon cahier avec les exercices de maths, il ________ faut ________ faire pour lundi. *Hélène:* Mais tu ne ________ vas pas ________ faire pendant ton week-end à Fécamp? *Anaïs:* Si, je ________ peux ________ faire pendant le voyage en train.

Hélène: Mais non, dans le train, tu vas rencontrer un garçon sympa qui va aussi à Fécamp …

Anaïs: Si je ________ trouve ________ sympa, je discute avec lui[1] et je ________ invite ________ à manger une glace sur la plage. *Hélène:* Et les exercices alors? Tu ________ peux ________ laisser à la maison. *Anaïs:* Non, je ________ vais ________ faire au retour[2]!

eu de mots

6 Jean-Luc rêve de …

Jean-Luc habite en montagne. Mais il n'aime pas la montagne, il aime la mer.
Alors, dans sa chambre, il rêve de …

Regarde les dessins dans les bulles et écris les mots ou expressions qui correspondent à ses rêves. (Sieh dir die Bilder in den Denkblasen an und schreibe die Wörter oder Ausdrücke auf, die zu seinen Träumen passen.)

1. ______________________
2. ______________________
3. ______________________
4. ______________________
5. ______________________
6. ______________________
7. ______________________
8. ______________________
9. ______________________

1 **lui** *hier:* ihm – 2 **au retour** *hier:* auf der Heimfahrt

Jeu de mots

7 Oh, la météo[1] ...

Regarde les dessins et ajoute les mots et expressions qui manquent au poème. Regarde aussi la carte dans ton livre. (Sieh dir die Zeichnungen an und ergänze in dem Gedicht die fehlenden Wörter und Ausdrücke. Sieh dir auch die Frankreichkarte in deinem Buch an.)

A Bordeaux, il ______________________________ ,

A Nice, ______________________________ .

C'est ______________________________

Au bord de la Méditerranée.
Mais ici?

______________________________ en Normandie.

______________________________ ici et à Paris.

Est-ce que tu crois[2]

que ______________________________ arrive déjà?

Vis-à vis / Jeu de mots

8 Vacances et saisons

Quelles vacances ont lieu pendant cette saison? Quel(s) est/sont le(s) nom(s) du/des mois? Ecris-le(s) sous chaque image. (Welche Ferien finden in dieser Jahreszeit statt? Wie heißt/heißen der/die Name(n) des Monats/der Monate? Schreibe es unter jedes Bild.)

______________ ______________ ______________ ______________

______________ ______________ ______________ ______________

1 la météo das Wetter – **2 tu crois (verbe: croire)** *hier:* glaubst du (Verb: glauben)

Lire

1 La dune du Pilat

Mehr dazu qd87aa

Sur Internet, tu as trouvé le blog d'une jeune fille française de ton âge, Maïté. Cela t'intéresse et tu commences à lire … (Im Internet hast du den Blog von Maïté, einem französischen Mädchen in deinem Alter, gefunden. Das interessiert dich und du beginnst zu lesen …)

A *Lis le texte deux fois si nécessaire, puis coche la bonne phrase.* *(Lies den Text zweimal, wenn nötig, und kreuze dann den richtigen Satz an.)*

Bienvenue sur mon blog!

Vous continuez à lire mon blog? C'est bien. Moi, je continue à écrire. Tous les jours[1], je vais vous parler de mes vacances en Aquitaine, dans le Sud-ouest de la France où je passe une semaine avec mes parents.

Hier, nous avons visité la ville de Bordeaux, mais aujourd'hui: une journée dans la nature. Ce matin, on a vu le soleil et le ciel[2] bleu, alors mes parents ont proposé d'aller à la dune du Pilat. Après le petit-déjeuner, nous avons fait quelques kilomètres en voiture. A droite et à gauche de la route[3]: des arbres, des arbres, et encore des arbres … Mon frère a demandé:

– Mais où est la mer? Et la plage? Et cette dune?

Finalement, nous avons laissé la voiture sur un parking[4], sous les arbres. Nous avons marché[5] pendant quelques minutes, et tout à coup, devant nous: une montagne[6] de sable énorme. Quelle surprise!

Cette dune est vraiment très, très grande! Quand on est en bas[7], devant cette montagne de sable blanc et jaune, on est tout petit. Regardez les hommes sur la photo: La dune du Pilat est la plus grande[8] dune d'Europe. Elle est large de 500 mètres environ[9] et longue de presque 3 kilomètres. Il y a combien de sable dans cette dune? Que pensez-vous? Je suis sûre que vous ne savez pas, alors, je vais vous dire que la dune du Pilat, ça fait environ 60 millions de mètres cubes[10] de sable! C'est beaucoup, non? Et encore une chose intéressante: la dune du Pilat est une «dune mobile», la dune ne reste pas où elle est, elle bouge[11] toujours. C'est un problème pour les maisons qui sont à côté de la dune.

Mon père a dit: – On monte? Et tout de suite, nous avons commencé à monter sur la dune. Mais ce n'est pas facile! On ne peut pas bien marcher, on tombe, on fait des roulades[12] dans le sable. La dune c'est pour les sportifs, mais je peux vous dire qu'on s'amuse[13] très bien! Et puis, en haut[14], c'est fantastique! On voit tout le bassin d'Arcachon, les plages, les villages, l'océan, les bateaux … Nous avons longtemps joué dans le sable de la dune. Mais attention, après, on a du sable partout[15]!

Les vacances à Arcachon sont super. Demain, on va faire un tour à vélo. Alors, revenez sur mon blog, je vais vous raconter.

A demain! Maïté

Dans son blog, aujourd'hui, Maïté parle …

- ☐ d'une journée que la famille a passée sur la dune du Pilat.
- ☐ d'une journée que la famille a passée sur la plage de Pilat, à côté de la dune.
- ☐ d'une journée que la famille a passée sous les arbres, à côté de la dune du Pilat.

---

1 tous les jours täglich / jeden Tag – **2 le ciel** der Himmel – **3 une route** eine (Land-)Straße – **4 un parking** ein Parkplatz – **5 marcher** (zu Fuß) gehen – **6 une montagne** ein Berg / ein Gebirge – **7 en bas** unten – **8 la plus grande** die größte *(Superlativ)* – **9 environ** ungefähr – **10 un mètre cube** ein Kubikmeter – **11 bouger** sich bewegen – **12 faire des roulades** Purzelbäume schlagen – **13 s'amuser** sich amüsieren – **14 en haut** oben – **15 partout** überall

→

B *Relis le texte et coche les bonnes réponses. Attention, plusieurs réponses peuvent être correctes! (Lies nochmals den Text und kreuze die richtigen Antworten an. Achtung: Mehrere Antworten können jeweils korrekt sein!)*

1. Aujourd'hui, la famille passe une journée dans la nature parce que / qu'

☐ a) il y a du soleil.
☐ b) les enfants ne veulent pas visiter Bordeaux.
☐ c) les parents aiment la plage du Pilat.

2. Quand on est sur la route, on voit

☐ a) beaucoup d'arbres et derrière les arbres, la mer.
☐ b) beaucoup d'arbres, mais pas la mer.
☐ c) l'océan et la dune du Pilat.

3. La dune du Pilat, c'est

☐ a) la plus grande dune d'Europe.
☐ b) la plus grande dune d'Aquitaine.
☐ c) la plus longue dune d'Europe.

4. Quand on se trouve devant la dune, on pense:

☐ a) Les hommes[1] sont petits.
☐ b) Les arbres sont petits.
☐ c) Les maisons sont petites.

5. Monter sur la dune,

☐ a) c'est pour les sportifs.
☐ b) c'est facile.
☐ c) c'est amusant[2].

6. Sur la dune, on a une vue fantastique

☐ a) sur Bordeaux et les villages de la région.
☐ b) sur Arcachon et ses plages.
☐ c) sur l'océan Atlantique et ses bateaux.

C *Complète les phrases suivantes. (Ergänze die folgenden Sätze.)*

1. La dune du Pilat est large de ______________ et longue de ______________.

2. On joue et on fait des roulades dans le sable, alors après, on a ______________ partout[3].

3. Demain, la famille de Maïté va faire ______________.

1 les hommes *(m.) hier:* die Menschen – **2 amusant(e)** lustig – **3 partout** überall

2 On va chez tante Sophie.

Les enfants de la famille Junot, Max et Caroline, sont contents: ils vont passer une semaine chez leur tante Sophie, en Aquitaine. Ils vont voir la mer pour la première fois.
Max qui sait déjà lire et écrire envoie un courriel à tante Sophie pour lui[1] poser des questions.

*Prends le rôle de la tante et écris ses réponses. Utilise les **pronoms objets**.*
*(Übernimm die Rolle der Tante und schreibe ihre Antworten. Benutze dabei die **Objektpronomen**.)*

Voilà les questions de Max.

de: max@yahoo.fr
à: Sophie_Junot@ yahoo.fr

1. Est-ce que tu vas nous amener[2] à la plage?
2. Est-ce qu'on peut voir l'océan?
3. Est-ce qu'on va regarder les grosses[3] vagues de l'Atlantique?
4. Est-ce qu'on va visiter la grande dune?
5. Est-ce que je vais trouver un beau coquillage[4] pour maman?
6. Est-ce que tu aimes les huîtres?
7. Je n'ai jamais mangé d'huîtres. Est-ce que tu vas m'acheter des huîtres?
8. Est-ce que tu ouvres les huîtres pour moi?
9. A Bordeaux, le petit train pour visiter la ville est très cher? On ne peut pas prendre ce petit train?
10. Est-ce que tu as déjà préparé notre chambre?

Et voilà les réponses de sa tante Sophie.

de: Sophie_Junot@ yahoo.fr
à: max@yahoo.fr

1. Oui, bien sûr, je ______________________.
2. Oui, on ______________________.
3. Oui, ______________________.
4. Oui, ______________________.
5. Oui, ______________________.
6. Non, ______________________.
7. Oui, ______________________.
8. Oui, ______________________.
9. Si, ______________________, je ____________ invite.
10. Non, ______________________ pas encore ______________________ on va ____________ faire ensemble.

---

1 lui *hier:* ihr – **2 amener qn à ...** jdn. mitnehmen zu ... – **3 gros, grosse** dick; *hier:* riesig / hoch – **4 un beau coquillage** eine schöne Muschel

6

Unité 6
Notre journal

Lire

1 Le coin musique

Une vie sans musique, c'est difficile à imaginer! C'est pourquoi le journal des élèves du collège Maurice Ravel à Paris présente dans chaque édition la vie d'un chanteur intéressant. Aujourd'hui, Zoé présente Grégoire …

Lis d'abord l'article sur Grégoire. Puis, coche la bonne réponse. Justifie ta réponse: note la ligne / les lignes dans le tableau. (Gib in der Tabelle die Zeilennummer[n] an, in der / denen du die Antwort gefunden hast.)

TIPP

Wenn du einen französischen Text liest, ist es oft gar nicht nötig, dass du jedes einzelne Wort verstehst, um den Sinn des Textes zu erfassen. Halte dich also nicht unnötig mit unbekanntem Vokabular auf, sondern **lies erst einmal weiter** und konzentriere dich auf das, was du verstehst.

Grégoire – la naissance d'un chanteur sur le net

A huit ans, Grégoire (date de naissance: 3 avril 1979) entend pour la première fois les Beatles: son frère Ludovic passe son temps à jouer leurs chansons au piano et le petit Grégoire les regarde aussi sur des cassettes vidéo. Puis Grégoire commence à jouer du piano et à chanter des chansons connues. Plus tard, Grégoire ne veut plus utiliser les chansons des autres chanteurs. Il écrit donc ses propres[1] chansons. Le chanteur n'a pas eu une vie facile. En 2002, c'est la première catastrophe dans la vie de Grégoire: Ludovic perd la vie dans un accident[2] de voiture. Cinq ans plus tard, en 2007, le deuxième frère de Grégoire met fin à ses jours[3]. La mort de ses deux frères pousse[4] Grégoire à continuer et à aller plus loin. Mais il n'a pas beaucoup d'argent. Il va donc sur le site Internet *My Major Company (MMC)* et présente sa chanson *Toi + Moi* sur le net. Beaucoup de gens lui[5] donnent de l'argent et son premier CD peut sortir[6] en septembre 2008. C'est un grand succès, il en vend[7] plus d'[8]un million d'exemplaires! Son deuxième album *Le Même soleil* sort le 15 novembre 2010. Et dans sa vie privée[9], c'est le bonheur[10] depuis son mariage[11] avec Eléonore et la naissance de leur fils Paul en 2012. Grégoire, c'est un bel exemple: il ne faut jamais perdre courage!

	vrai	faux	ligne(s)
1. En 1989, Grégoire entend pour la première fois les Beatles.	☐	☐	
2. Grégoire voit les Beatles sur des DVD.	☐	☐	
3. Au début, Grégoire ne chante que des chansons d'autres chanteurs.	☐	☐	
4. Les deux frères de Grégoire ont perdu la vie dans des accidents de voiture.	☐	☐	
5. La première chanson de Grégoire s'appelle *Toi + Moi*.	☐	☐	
6. Le premier CD de Grégoire sort avec l'aide du site Internet *My Major Company*.	☐	☐	
7. C'est un vrai succès.	☐	☐	
8. En 2012, Grégoire sort un deuxième album.	☐	☐	
9. L'enfant de Grégoire s'appelle Eléonore.	☐	☐	
10. Zoé pense que Grégoire est un homme courageux.	☐	☐	

1 propre *hier:* eigen – **2 un accident** ein Unfall – **3 mettre fin à ses jours** sich das Leben nehmen – **4 pousser qn à faire qc** jdn. dazu bringen, etw. zu tun – **5 lui** *hier:* ihm – **6 sortir** *hier:* herauskommen – **7 il vend (verbe: vendre)** er verkauft (Verb: verkaufen) – **8 plus de …** mehr als… – **9 privé(e)** *hier:* Privat- – **10 le bonheur** das Glück – **11 un mariage** eine Hochzeit

Ecrire

2 Le coin cinéma

Dans chaque édition du journal, un élève présente sa série télévisée préférée. Cette fois, c'est le tour de Gérald.
(In jeder Ausgabe der Schülerzeitung stellt ein Schüler seine Lieblingsserie vor. Diesmal ist Gérald an der Reihe.)

Choisis d'abord une série que tu connais. Puis, prends le rôle de Gérard et écris l'article (environ 80 – 100 mots).
*(Such dir zunächst **eine beliebige Serie** aus, die du gut kennst. Übernimm dann Gérards Rolle und schreib einen Artikel von 80 – 100 Wörtern.)*

TIPP

- Auf S. 96 im SB findest du im *Stratégie*-Kasten eine Anleitung, wie eine Film-Präsentation aufgebaut sein sollte. Im *On dit*-Kasten darunter stehen Ausdrücke, die du verwenden kannst. Lies dir beide Kästen aufmerksam durch, bevor du mit dieser Aufgabe beginnst.
- Wenn du mit deinem Text fertig bist, überprüfe und überarbeite ihn mithilfe des *Stratégie*-Kastens auf S. 98 im Schülerbuch.

«Plus belle la vie»

«Le Transporteur»

«Les Simpson»

Parler

3 On fait des interviews.

20

Travaillez à deux. Préparez les interviews. Puis, jouez la scène.
(Arbeitet zu zweit. Einigt euch auf eines der Themen, bereitet gemeinsam ein kurzes Interview vor, macht euch einige Stichworte und verteilt die Rollen. Spielt dann die Szene.)

TIPP 1

Wenn ihr die Interviews einübt, nehmt sie auf, dann könnt ihr sie anschließend noch einmal anhören und besprechen, was ihr beim nächsten Mal besser machen könntet.

TIPP 2

Ihr findet die Lösungsvorschläge zum Ausdrucken sowie die Musterlösung zu **Sujet 1** als Hörtext zum Nachsprechen auf der CD.

Sujet 1: Les jeunes et Internet
Sujet 2: Mon chanteur préféré / Ma chanteuse préférée / Mon groupe préféré

! Beachte
Schaut euch noch einmal den *On dit*-Kasten im Schulbuch auf S. 91 (sujet 1) bzw. auf S. 93 (sujet 2) an und prägt euch die Ausdrücke gut ein.

Médiation

4 Le coin BD

Du zeichnest gerne Comics. Im Internet hast du von einem französischen Comic-Wettbewerb erfahren. Du möchtest gerne einen Beitrag einreichen, suchst aber noch jemanden, der mitmacht. Deswegen schreibst du einen kleinen Aufruf (auf Deutsch!), der in der nächsten Ausgabe eurer Schülerzeitung veröffentlicht werden soll. Überlege, welche Informationen nötig sind, damit sich ein(e) andere(r) Schüler(in) ein klares Bild machen und sich dann entscheiden kann, ob sie / er gemeinsam mit dir teilnehmen möchte.

Concours[1] «A l'école de la BD»
Depuis le début de ce concours en 1984, plus de 300 000 jeunes y[2] ont participé.

Qui peut participer?
Le concours s'adresse aux élèves de 8 à 18 ans.

Comment participer?
Envoyez-nous une bande dessinée qui présente une histoire complète avec un titre, un début et une fin, en français bien sûr.
Le sujet est totalement libre. Envoyez vos planches[3] originales[4], en noir et blanc ou en couleurs. Tous les styles sont permis[5].
N'envoyez pas de photocopies, on accepte seulement les originaux.
Pour toutes les planches faites par ordinateur, il faut envoyer aussi les originaux des travaux préparatoires[6] (originaux des croquis[7] etc.) et écrire une lettre qui explique les différentes étapes de réalisation.
N'oubliez pas d'écrire le nom, le prénom et l'adresse du participant au dos de chaque planche.

Qu'est-ce qu'on peut gagner?
Vous pouvez gagner des albums de bande dessinée et des invitations au Festival International de la bande dessinée d'Angoulême où on va exposer toutes les BD qui ont gagné un prix.

Envoyer le tout avant le 1er mars prochain à l'adresse suivante:
Concours A l'Ecole de la BD
Château de l'Oisellerie
16400 La Couronne

Du kannst deinen Aufruf so beginnen:

Comic-Begeisterte aufgepasst!

1 un concours ein Wettbewerb – **2 y** daran – **3 une planche** eine (Comic-)Seite – **4 original(e)** *hier:* Original- – **5 permis(e)** erlaubt – **6 des travaux préparatoires** *hier:* Probearbeiten / Probeskizzen – **7 un croquis** eine Skizze

En forme

5 Au parc de la Villette (G 8, 11, 22)

Gérald habite à Paris, près de la place d'Italie. Dans son collège, il est dans l'équipe du journal des élèves avec Célia et Coralie. Samedi dernier, ils sont allés à la Villette parce qu'ils veulent écrire un article sur le parc.

Lis le texte et complète-le. Utilise les verbes au passé composé. Fais attention à l'accord du participe passé.
(Lies den Text und ergänze ihn mit den Verben im ***Passé composé****. Achte dabei auf die* ***Angleichung des Participe passé****!)*

Gérald *(prendre)* ______________ le métro pour aller au parc de la Villette. Une demi-heure plus tard, il *(arriver)* ______________ à la porte de Pantin. Il *(attendre)* ______________ dix minutes. Mais Célia et Coralie *(ne pas venir)* ______________ à l'heure[1]. Dix minutes plus tard, les voilà[2] enfin!

Gérald: Pourquoi est-ce que vous *(ne pas venir)* ______________ à l'heure? Tu *(dormir)* ______________ trop longtemps, Célia?

Célia: Mais non, je *(sortir)* ______________ du lit à 8 heures. Je / J' *(prendre)* ______________ ma douche[3], puis je / j' *(descendre)* ______________ dans la cuisine. Mes parents *(descendre)* ______________ aussi, et on *(prendre)* ______________ le petit-déjeuner ensemble. Quand Coralie *(arriver)* ______________, nous *(partir)* ______________ et nous *(prendre)* ______________ le bus n° 60 à la gare du Nord.

Coralie: Nous *(descendre)* ______________ à la station «Mairie du 19ᵉ» et nous *(monter)* ______________ dans le bus n° 75. Quand le bus *(partir)* ______________, Célia *(dire)* ______________ : «Zut, on *(prendre)* ______________ la direction[4] «pont Neuf». Il faut descendre et changer de bus!»

Célia: Alors nous *(descendre)* ______________ du bus à la première station, nous *(traverser)* ______________ la rue et nous *(prendre)* ______________ le bus en direction de «porte de Pantin». Nous *(perdre)* ______________ 15 minutes! *Gérald:* Ah, les filles! … Bon, on y va? L'entrée est là-bas …

1 à l'heure pünktlich – **2 les voilà** hier sind sie – **3 prendre une douche** duschen – **4 une direction / en direction de** eine Richtung / in Richtung

En forme

6 Tout le monde aime jouer. (G 23)

A *«De quoi» et «à quoi» est-ce qu'ils jouent?*
*(Mache dir zunächst klar, wann man die Präpositionen „de" und „à" nach **jouer** verwendet, indem du die beiden **Kästen** genau durchliest. Setze dann die **passenden Präpositionen** mit dem **richtigen Artikel** ein.)*

> Marie joue **de la** guitare.
> Marc joue **du** violon.
> Ils jouent **d'**un instrument.
> (Hier wird jouer zusammen mit einem **Musikinstrument** verwendet.)
> **de**

la guitare

le violon

la flûte

> Simon joue **au** tennis.
> Zoé joue **aux** cartes.
> Ils jouent **à** un jeu.
> (Hier bezieht sich jouer auf einen **Sport** bzw. ein **Spiel**.)
> **à**

le badminton

les cartes *(f.)*

les échecs *(m.)*

1. Claire, est-ce que tu sais jouer ________________ flûte?
2. Les parents de Sophie adorent jouer ________________ badminton ensemble.
3. Quand je suis chez mon grand-père, on joue souvent ________________ échecs.

B *Maintenant, lis les dialogues. Puis, complète-les avec les formes correctes des adjectifs **beau, nouveau** et **vieux** et avec **de** ou **à + article**, si nécessaire.*
*(Lies die Dialoge und ergänze sie mit den richtigen Formen der Adjektive **beau, nouveau** und **vieux** und mit **de** oder **à + Artikel**, wenn nötig.)*

MacDeau: Hier, mon père a acheté un v________________ accordéon[1] et deux v________________ harmonicas[2] au marché aux puces. Mes parents adorent les v________________ instruments.

Marge99: Génial, je trouve que l'accordéon, c'est un b________________ instrument.

MacDeau: Moi, je préfère ma n________________ guitare. Et dans ta famille, on joue aussi ____________ instrument?

Marge99: Oui, mon père joue ____________ harmonica, ma mère joue ____________ violon et moi, je joue ____________ guitare. Ce sont des b________________ instruments. J'aime beaucoup quand mes parents jouent ensemble. En plus, ma mère a une b________________ voix.

Vamp006: Ah bon, alors vous êtes un petit orchestre[3]. Chez nous, mon père joue ____________ ballon et ma mère, elle joue ____________ cartes …

1 **un accordéon** ein Akkordeon – 2 **un harmonica** eine Mundharmonika – 3 **un orchestre** ein Orchester

En forme / eu de mots

7 Attention aux verbes! (G 10, 22, 24, 25)

A *Trouve la forme correcte des verbes **pouvoir**, **dormir**, **partir**, **recevoir** et **devoir** et remplis la grille.*
*(Finde die korrekten Verb-Formen von **pouvoir**, **dormir**, **partir**, **recevoir** und **devoir** und trage sie in Großbuchstaben in das Gitter ein.*
Pers. = Person,
Sg. = Singular,
Pl. = Plural.)

horizontalement →

1	pouvoir	1. Pers. Sg.
3	recevoir	2. Pers. Pl.
4	devoir	2. Pers. Pl.
5	devoir	1. Pers. Sg.
7	partir	3. Pers. Pl.
10	recevoir	3. Pers. Pl.
11	devoir	3. Pers. Sg.

verticalement ↓

1	partir	2. Pers. Pl.
2	devoir	1. Pers. Pl.
5	dormir	3. Pers. Sg.
6	recevoir	1. Pers. Pl.
7	pouvoir	3. Pers. Sg.
8	pouvoir	3. Pers. Pl.
9	dormir	3. Pers. Pl.

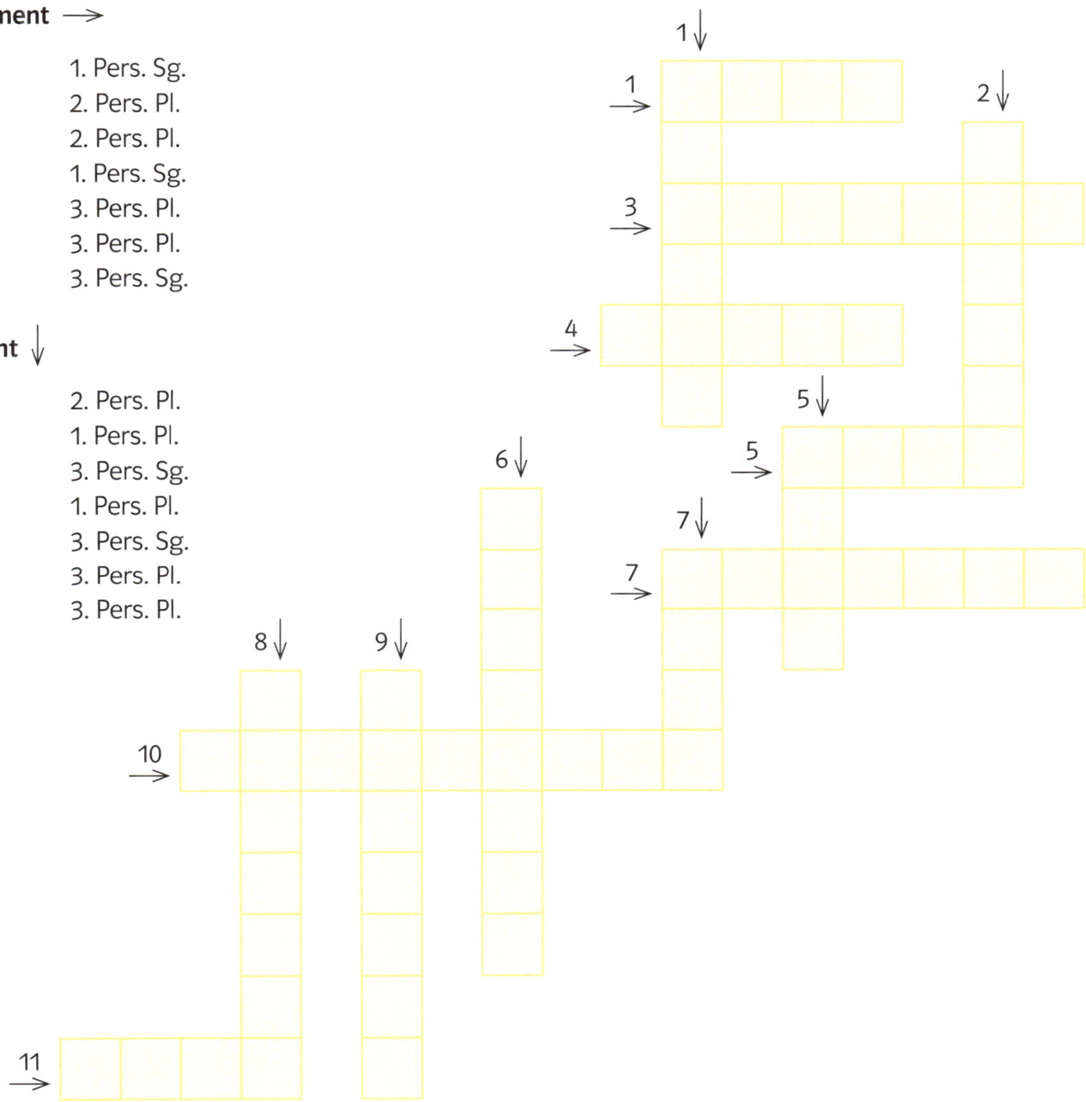

B *Maintenant lis le texte et complète-le avec les formes correctes des verbes* ***pouvoir, dormir, partir, recevoir*** *et* ***devoir****.*
(Lies dir jetzt den Text durch und ergänze ihn mit den richtigen Formen der Verben ***pouvoir, dormir, partir, recevoir*** *und* ***devoir****.)*

→ En plus CD, 1 △

TIPP

Diese Aufgabe findest du im *En plus*-Teil auf der CD auch in einer einfacheren Version, bei der die Verben, die du einsetzen musst, angegeben werden. Wenn du dich noch nicht richtig fit fühlst, druck dir die einfachere Version aus und bearbeite sie zuerst!

Dimanche après-midi, Célia et Coralie veulent aller au cinéma. Le matin, Célia téléphone à Gérald pour l'inviter à sortir avec elles[1].

Célia: Salut, Gérald. C'est moi, Célia. Ecoute, cet après-midi, Coralie et moi, nous allons voir le nouveau film de Tim Burton. Tu viens avec nous?

Gérald: Vous ______________________ quand?

Célia: Nous ______________________ à deux heures.

Gérald: C'est dommage, mais je ne ______________ pas.

Je ______________ aller chez mes grands-parents à midi.

Célia: Tu ______________ aller chez tes grands-parents? Pourquoi?

Gérald: Ils ______________________ des amis et ma sœur

et moi, nous ______________________ les aider.

Célia: Qu'est-ce que vous ______________________ faire?

Gérald: On ______________ préparer le repas. Mes grands-parents ne vont pas très bien en ce moment[2]. Ils ne ______________________ pas aller au marché et faire la cuisine aujourd'hui.

Alors on les aide un peu, c'est normal.

Célia: Ah oui, moi aussi, quand nous ______________________ des amis, j'aide toujours ma mère.

Gérald: Vous ______________________ souvent des amis?

Célia: Oui, et quelquefois, ils ______________________ même à la maison.

On ______________ aussi sortir ce soir, si tu veux.

Demande à ton père si tu ______________ sortir avec nous ce soir.

Gérald: Non, je ne ______________ pas lui[3] demander, il ______________ encore.

Bon, je te laisse[4]. Je te rappelle à midi?

Célia: D'accord.

---

1 avec elles mit ihnen – **2 en ce moment** zurzeit / momentan – **3 lui** *hier:* ihn – **4 Bon, je te laisse.** *hier:* Also, ich mach jetzt Schluss.

Les mots
: les lettres

8 Internet – un peu, beaucoup, toujours …?

Voici l'avis de Tiphaine. → En plus CD, 2 △, 3 △

Lis le texte, puis trouve le mot correct.
Les lettres initiales vont t'aider.
(Lies den Text, finde dann das richtige Wort.
Die Anfangsbuchstaben werden dir helfen.)

TIPP

1. Diese Aufgabe findest du im *En plus*-Teil auf der CD auch in einer **einfacheren** Version, bei der dir die französischen Wörter in einem Wortspeicher vorgegeben werden. Wenn du dich noch nicht richtig fit fühlst, druck dir die einfachere Version aus und bearbeite sie zuerst!
2. Im *En plus*-Teil findest du auch noch eine schwierigere Übung zum Thema *„Coin Internet"*.

– Bonjour! Je m'appelle Tiphaine, j'ai 14 ans et j'habite à Arcachon. Une vie sans Internet? Pourquoi pas? D'accord, c'est très pratique c__________ on trouve beaucoup d'informations sur le n__________. Mais pour le reste … Moi, je préfère sortir avec mes copines en r__________. C__________ avec mes copains? Lire des a__________ ou des b__________ sur Internet? Tout cela, c'est ridicule[1]! J'aime mieux d__________ avec mes copines dans un café, c'est plus sympa[2]. Ou aller regarder des photos ou des DVD chez mes copines. Pourquoi s__________ sur Internet quand on peut aller à la plage où on peut s__________ sur des vraies vagues? Moi, je préfère faire du sport, jouer d'un i__________. Et j'adore chanter car j'ai une belle v__________. Mes parents ne sont pas contents. P__________, ils disent: «Pourquoi est-ce que tu ne vas pas sur Internet? C'est i__________!» Mais moi, je trouve ça vraiment n__________. Pour mon cousin à Paris, c'est d__________. Il n'est pas comme moi. Il veut toujours aller sur Internet mais ses parents ne sont pas d'accord: il a le d__________ d'être sur Internet trois heures par jour au m__________. Cela l'énerve beaucoup. Il veut acheter un n__________ o__________ p__________. C'__________ p__________ il va venir à Arcachon cet été pour travailler et g__________ de l'a__________. Papa est content: «C'est f__________, il va nous installer[3] un s__________ Internet!» Désolée, mais pour moi, ce n'est pas un p__________ très intelligent. Et puis papa va être sur Internet tout le temps[4] … Je vais lui[5] proposer de faire un peu plus[6] de sport et de p__________ à une course. Mais pas à une course contre la faim – non: plutôt à une course pour la f__________ des activités de papa sur Internet!

---

1 ridicule lächerlich – **2 plus sympa** netter – **3 installer qc** etw. installieren – **4 tout le temps** ständig – **5 lui** *hier:* ihm – **6 plus (de)** mehr

Lire

1 Le chanteur Grégoire

Dans le journal des élèves de son collège, Coralie a présenté le chanteur Grégoire. Voici quelques commentaires des élèves sur lui. (In der Schülerzeitung hat Coralie den Sänger Grégoire vorgestellt. Hier sind nun einige Kommentare der Schüler zu ihm.)

Lis les commentaires des élèves. Puis, coche la bonne réponse. Justifie ta réponse: note la ligne / les lignes dans le tableau. (Lies die beiden Kommentare. Kreuze dann die richtige Antwort an. Gib in der Tabelle die Zeilennummer[n] an, in der / denen du die Antwort gefunden hast.)

Hier soir, je suis allé au concert de Grégoire au Casino de Paris. C'est un endroit fantastique, génial. Nous attendons. Tout à coup, il fait sombre, la salle est noire. Puis Grégoire et cinq musiciens[1] entrent en scène[2]. Grégoire commence à chanter. Entre les chansons, il raconte des histoires. Les musiciens jouent bien. A la fin du concert, quand il chante *Toi + Moi* encore une fois, tout le monde est debout. Grégoire descend de scène. On chante et danse. Mais pour moi, cela a été plus difficile. D'accord, Grégoire est très gentil[3] et j'aime beaucoup *Ta main*, un très beau titre, un très beau texte. Mais les textes de ses autres chansons sont souvent un peu simples et banals et j'ai trouvé le temps très long. Le public[4]? Il y a beaucoup de mamans avec leurs enfants, et des enfants avec leurs mamans. Beaucoup trop même. Je suis un peu perdu.

Julien

Je suis allée à un concert de Grégoire avec ma petite sœur pour son anniversaire, elle a beaucoup aimé. Elle a chanté toutes[5] les chansons de l'album et j'ai lu beaucoup de joie dans ses yeux … J'adore toutes les chansons de Grégoire, surtout *Ta main* où il parle de son frère Ludovic. Moi aussi, j'ai perdu mon grand frère l'année dernière dans un accident[6] de voiture et quand Grégoire chante «Tu sais que j'ai du mal[7] encore à parler de toi», je pense toujours à lui[8]. Oui, dans ses chansons, il parle de choses difficiles à dire … C'est un garçon simple, un chanteur génial. Il est sympa, il a une voix fantastique. Continue Grégoire, tu es vraiment courageux! Voilà, je l'adore, j'aimerais trop le revoir une fois dans un concert.

Delphine

	vrai	faux	ligne(s)
1. Julien trouve que les musiciens de Grégoire ne jouent pas très bien.			
2. Grégoire chante *Toi + Moi* deux fois pendant le concert au Casino de Paris.			
3. Entre les chansons, Grégoire est descendu de scène pour discuter avec le public.			
4. Julien n'aime pas toutes les chansons de Grégoire.			
5. Julien trouve que trop de femmes sont venues au concert avec leurs enfants.			
6. Pour son anniversaire, Delphine a invité sa petite sœur au concert de Grégoire.			
7. Delphine a aussi perdu un frère.			
8. Elle trouve les textes de Grégoire très difficiles.			
9. Elle a déjà vu Grégoire sur scène deux fois.			
10. Julien et Delphine aiment bien la chanson *Ta main*.			

---

1 un musicien ein Musiker – **2 une scène** eine Bühne – **3 gentil, gentille** nett – **4 un public** ein Publikum – **5 tous, toutes** alle (+ Nomen) – **6 un accident** ein Unfall – **7 avoir du mal** Schwierigkeiten haben (mit)/schwer haben (mit) – **8 à lui** *hier:* an ihn

Grammaire
Vocabulaire

2 Qu'est-ce que tu fais cet après-midi?

Festival international des Très Courts

Samedi matin, Gérald téléphone à Célia.

Lis le texte, puis complète-le avec les bonnes formes des verbes et les mots qui manquent.
(Lies den Text und ergänze ihn mit den richtigen **Verbformen** *sowie den* **Wörtern***, die fehlen.)*

Gérald: Salut, Célia. C'est moi, Gérald. Ecoute, est-ce que tu as déjà des p__________ pour cet après-midi? Aujourd'hui, je *(aller)* __________ au festival de films très c__________. Ils montrent des films qui durent[1] au m__________ trois minutes. Tu *(venir)* __________ avec moi? *Célia*: Génial! C'est mon festival p__________. Tu *(partir)* __________ quand? *Gérald*: Je *(partir)* __________ à trois heures. *Célia*: Désolée, mais je *(ne pas pouvoir)* __________. C'est trop tôt. Je *(devoir)* __________ rester à la maison. C'est i__________. *Gérald*: Mais pourquoi? *Célia*: On *(recevoir)* __________ la visite d'un v__________ copain de mon père. Il *(vouloir)* __________ présenter sa n__________ femme à toute la famille. *Gérald*: Ecoute, je te propose une chose: nous *(pouvoir)* __________ aller au festival un peu plus tard. Vers[2] cinq heures, c'est bon? *Célia*: C'est super! A plus!

Ecrire

3 „Gute Zeiten, schlechte Zeiten"

Lundi soir. Ton correspondant français et toi, vous regardez le programme de la télé.
Ton correspondant te demande: «*Gute Zeiten, schlechte Zeiten*», qu'est-ce que c'est?

A l'aide du texte[3], explique la série. Raconte aussi qui dans ta famille aime la série et qui ne l'aime pas. Dis pourquoi. Ecris environ 100–120 mots dans ton cahier.

Montag 18 bis 20 Uhr	
18.00 Uhr	*Explosiv* – Das Magazin
18.30 Uhr	*Exclusiv* – Star-Magazin
18.45 Uhr	Die Nachrichten
19.03 Uhr	Das Wetter
19.05 Uhr	*Alles was zählt* (Daily Soap)
19.40 Uhr	*Gute Zeiten, schlechte Zeiten* (Daily Soap; Folge 5321)

„Gute Zeiten, schlechte Zeiten" ist eine "Daily Soap" für Jugendliche, die schon sehr lange im deutschen Fernsehen läuft. Die erste Folge wurde am 11. Mai 1992 gezeigt. Seither läuft „GZSZ" täglich von Montag bis Freitag, jeweils um 19.40 Uhr. Mittlerweile wurden über 5000 Folgen ausgestrahlt. Die Serie spielt in Berlin und handelt überwiegend von jungen Menschen, ihren Freuden, Problemen und Sorgen. Es handelt sich bei den Darstellern überwiegend um junge Talente ohne langjährige Schauspielerfahrung. Viele von ihnen sind in Deutschland bekannte Stars geworden.

1 durer dauern – **2 vers** gegen – **3 à l'aide de** mithilfe von

Unité 7
On peut toujours rêver!

Ecouter

1 Une interview avec le clown Clopin

21

Clopin est le clown du cirque Zapatto qui est arrivé en ville avec un nouveau spectacle. Un journaliste l'a invité pour l'interviewer. Tu écoutes l'interview sur YouTube. (Clopin ist der Clown des Zirkus Zapatto, der mit einer neuen Aufführung in die Stadt gekommen ist. Ein Rundfunkjournalist hat ihn zu einem Interview eingeladen. Das Interview hörst du auf YouTube.)

A *Ecoute le document et coche la bonne phrase.*

D'abord, le clown Clopin …

- ☐ parle de son travail dans le cirque de son père.
- ☐ parle du travail de son père dans un cirque.
- ☐ raconte comment il a commencé à s'intéresser[1] au cirque.

B *Vrai ou faux? Ecoute le document encore une fois et coche la bonne réponse.*

	vrai	faux
1. Clopin travaille dans le cirque Zapatto depuis 25 ans.	☐	☐
2. Il a commencé le cirque à 12 ans.	☐	☐
3. Le père de Clopin a eu une idée géniale.	☐	☐
4. Le père a fait du théâtre pour l'anniversaire de tous ses amis.	☐	☐
5. Le père a mis une annonce dans le journal pour proposer son idée.	☐	☐
6. Avec cette idée, le père a eu beaucoup de succès.	☐	☐
7. Il a demandé à Clopin de l'aider.	☐	☐
8. Le jeune Clopin a appris à jongler avec son père.	☐	☐
9. Le père a invité des gens à son spectale, tous les soirs.	☐	☐
10. Clopin a quitté le collège pour aller à l'école des arts du cirque.	☐	☐
11. Il a tout appris avec un vieux clown.	☐	☐
12. Clopin a dû faire beaucoup d'exercices pour apprendre à être drôle.	☐	☐
13. Dans la vie, Clopin est un homme très sérieux.	☐	☐
14. Il travaille souvent avec un cheval.	☐	☐
15. Un jour, le cheval a sauté sur les gens.	☐	☐
16. Clopin aime travailler avec des animaux.	☐	☐

1 s'intéresser à qc sich für etw. interessieren

C *Pour finir, complète les phrases suivantes. (Ergänze die folgenden Sätze.)*

1. A la fin de l'interview, Clopin dit: «Je vous ai apporté une ______________ pour ______________ après-midi, c'est pour vous et vos ______________.»

2. Le journaliste répond: «Oh, c'est une bonne ______________.
Merci ______________ fois!»

3. Clopin répond: «______________, et venez me dire ______________ après le spectacle. Nous faisons souvent une petite ______________. On peut prendre un ______________ ensemble. Je vous ______________.»

Ecrire

2 Mes rêves et moi

Tes grands-parents t'ont écrit pour ton anniversaire et ils te demandent de leur parler un peu de toi.
Tu leur réponds et tu leur parles de tes rêves.
(Deine Großeltern haben dir zum Geburtstag geschrieben. Sie bitten dich, ihnen ein wenig von dir zu erzählen. Du antwortest und sprichst über deine Träume.)

Du bedankst dich und berichtest kurz von der Schule.
Du beschreibst deine Aktivitäten in deiner Freizeit, z. B. über sportliche oder musikalische Vorlieben.
Du erzählst, was du später beruflich machen möchtest.
Du gibst an, wo du leben möchtest.
Du fragst deine Großeltern, ob sie dich vielleicht finanziell unterstützen könnten, um deine Träume zu verwirklichen.
Du endest mit „Je vous fais des grosses bises".

Ecris un texte d'environ 150 mots dans ton cahier.

Lire

3 Le *Cirque du Soleil*

En France, presque tout le monde connaît le *Cirque du Soleil* qui présente des spectacles fantastiques. (In Frankreich kennt fast jeder den Cirque du Soleil, der fantastische Vorstellungen gibt.)

A *Lis le texte et coche la bonne phrase.*

Le *Cirque du Soleil* existe[1] parce que de jeunes artistes[2] ont eu l'idée géniale de créer[3] ce cirque à Montréal[4], au Québec. A l'âge de 18 ans, après ses études[5], le jeune Guy Laliberté a quitté sa famille et est parti en Europe pour essayer de faire carrière[6] comme musicien[7] dans le monde du spectacle. Il a appris le métier de cracheur de feu[8].
En 1979, quand il est rentré au Canada, il a d'abord choisi de présenter ses spectacles dans la rue. Un jour, avec deux autres amis, il a organisé une fête populaire[9] qui a eu un grand succès et ensuite, ils ont créé ensemble un groupe de théâtre de rue avec quelques jeunes artistes. Ils ont présenté leur première tournée dans la région de la ville de Québec en été 1980. Pendant une grande fête, en 1984, ils ont présenté leur premier vrai spectacle de cirque sous le nom *Le Grand Tour du Cirque du Soleil.* Guy a eu l'idée de ce nom parce qu'un soir, il a regardé un coucher de soleil[10] sur la mer à Hawaï.
Aujourd'hui, 5 000 personnes travaillent pour le *Cirque du Soleil*, il y a plus de 1 300 artistes. Le cirque présente dix-huit spectacles: huit restent en Amérique (à Las Vegas et Orlando) et dix spectacles font une tournée dans le monde. Il y a bien sûr d'autres idées pour faire de nouveaux projets, par exemple à Dubaï et à New York.
Le cirque a aussi organisé le projet international *Cirque du Monde* pour aider les jeunes qui ont des problèmes graves parce qu'ils sont pauvres et doivent habiter dans la rue.
Au *Cirque du Soleil*, on ne trouve pas d'animaux. Mais il y a beaucoup d'acteurs, de clowns et d'acrobates qui font des numéros fantastiques. Ce sont des spectacles de rêve!

Ce texte explique comment le Cirque du Soleil …

☐ a commencé. ☐ prépare ses spectacles. ☐ organise son travail.

B *Relis le texte et coche la bonne réponse.*

	vrai	faux	ligne(s)
1. Guy Laliberté a quitté sa famille pour partir en Europe à 18 ans.	☐	☐	
2. Il a fait une carrière de musicien au Québec.	☐	☐	
3. Quand il est revenu, il a d'abord habité dans la rue.	☐	☐	
4. Avec des amis, il a organisé un groupe de théâtre.	☐	☐	
5. Le *Cirque du Soleil* a commencé en été 1980.	☐	☐	
6. L'idée du nom du cirque vient du spectacle d'un coucher de soleil.	☐	☐	
7. Il y a seulement des artistes qui travaillent pour le cirque.	☐	☐	
8. On peut voir les spectacles du cirque dans beaucoup de pays.	☐	☐	
9. Le cirque cherche des idées pour faire de nouveaux projets.	☐	☐	
10. Le cirque aide les jeunes qui sont pauvres avec un programme international.	☐	☐	
11. Le cirque ne travaille pas avec des animaux.	☐	☐	

1 exister bestehen – **2 un(e) artiste** ein(e) Künstler(in) – **3 créer qc** etw. gründen – **4 Montréal** *größte Stadt der Provinz Quebec in Kanada* – **5 les études** *(f., pl.)* das Studium – **6 faire carrière** Kariere machen – **7 un musicien, une musicienne** ein(e) Musiker(in) – **8 un cracheur de feu** ein Feuerschlucker – **9 une fête populaire** ein Volksfest – **10 un coucher de soleil** ein Sonnenuntergang

Médiation

4 Le clown Zavatta

Deine beste Freundin muss für eine Zirkus-AG ein Referat über den berühmten Clown Achille Zavatta erstellen. Im Internet hat sie interessante Informationen gefunden, die sie leider nicht alle versteht, weil der Text auf Französisch verfasst ist. Sie bittet dich um Hilfe, da du gut Französisch kannst.

*Du schreibst für sie einen Text auf Deutsch. Erwähne nur **die wichtigsten Aspekte** aus dem Leben und Schaffen des Clowns.*
Manche Wörter, die du gar nicht verstehst, hast du in der Wörterbuch-App deines Handys nachgeschaut. Wenn es dich interessiert, findest du im Internet auch die deutschen Titel der im Text genannten Filme.

Achille Zavatta est né le 6 mai 1915 en Tunisie et est mort le 16 novembre 1993 en France. Il vient d'une famille italienne, ses parents ont travaillé comme artistes de variété dans le cirque. Achille est connu comme clown, mais il a aussi pratiqué l'acrobatie au trapèze. Il a travaillé comme dompteur d'animaux et a joué de la musique (de la trompette, du saxophone et du tambour). Il a été acteur et a tourné dans des films connus comme *La Jument verte* (1959) et il a fait des séries pour la télévision comme *Le Trésor des 13 maisons*. Il est aussi l'auteur de livres comme *30 ans de cirque* (1954) et *Viva Zavatta* (1976).
Pendant plusieurs générations, il est resté l'un des clowns les plus célèbres[1] dans le monde.
Il a fait ses débuts à l'âge de trois ans dans le cirque familial avec sa sœur et son frère dans *Le Trio Zavatta*.

Autrefois[2] et aujourd'hui
Dans les années 1930, il devient très connu avec son personnage typique, *Auguste,* qui porte toujours un nez rouge, un chapeau et des fleurs.
De 1947 à 1951, il a aussi dirigé[3] des grands cirques comme le *Bostok Circus*, puis le *Zoo Circus*.
A partir de 1960, il participe plus de deux cents fois à l'émission de télévision[4] *La Piste aux étoiles*.
En 1960, il est la star du *Cirque français* qui est parti faire une tournée en Russie.
En 1967, il est au cirque Grüss-Jeannet qui change son nom pour s'appeler *Circorama Achille Zavatta*.
Un an après, il présente un nouveau programme avec le cirque de Jean Richard.
En 1972, il participe à des tournées en France.
Finalement, en 1978, il choisit de créer un cirque traditionnel, le *Cirque Zavatta*, mais il doit arrêter en 1985.
Ses enfants (sa fille et ses deux fils) vont continuer sans leur père.
Viva Zavatta! Viva Mexico! est le nom de son dernier grand spectacle qu'il a présenté à Paris en décembre 1990.
En 1991, il n'a plus d'argent, il a tout perdu. Un an plus tard, il doit vendre[5] son cirque.
Aujourd'hui, plusieurs cirques portent encore le nom de *Zavatta* parce qu'ils achètent ce nom à la famille.

Parler

5 Rêves de jeunes filles

22 **A** *Deux jeunes filles discutent de leurs rêves. Prenez leurs rôles et faites le dialogue: qu'est-ce que vous rêvez de faire? Pendant les prochaines vacances d'été? Plus tard dans la vie? Imaginez vos rêves et jouez le dialogue. Après, changez de rôles.*

TIPP

Im Hinblick auf eine **mündliche Klassenarbeit** hilft dir diese Übung, mehr Sicherheit zu erwerben und deine Sprechkompetenz gezielt zu schulen.

A Legt vor Beginn des Dialogs eine Liste mit euren Träumen an. Beim Anhören der CD antwortet zuerst eine(r) von euch in den Sprechpausen auf die Fragen, danach die / der andere.

B Zum Abschluss könnt ihr den gesamten Musterdialog nachsprechen und euch dabei mit eurem Handy aufnehmen.

B *Maintenant, lisez le dialogue dans les solutions. Puis jouez ce dialogue. (Lest jetzt den Musterdialog in den Lösungen und wiederholt den ganzen Sprechvorgang mit den Lösungen.)*

---

1 les plus célèbres *hier:* der berühmtesten – **2 autrefois** damals – **3 diriger** *hier:* die Leitung haben – **4 une émission de télévision** eine Fernsehsendung – **5 vendre qc** etw. verkaufen

En forme

6 A l'école des arts du cirque (G 18, 21, 27)

→ En plus CD, 1 △

Pendant les vacances, Caroline, Alexia et Léo font un stage d'une semaine dans un cirque. Le premier jour, Hugo, le directeur du cirque, le dompteur Carlo et le clown Clopin leur expliquent des exercices pour préparer un spectacle final. (In den Ferien machen Caroline, Alexia und Léo eine Woche lang ein Praktikum in einem Zirkus. Am ersten Tag erklären ihnen der Zirkusdirektor und der Clown Clopin Kunststücke, die sie für die Abschlussvorführung vorbereiten sollen.)

Lis les dialogues, puis complète les phrases avec les ***pronoms objets directs*** *ou* ***indirects****.*
(Lies die Dialoge. Ergänze dann die Sätze mit den ***direkten*** *oder* ***indirekten Objektpronomen****.)*

1 *Le directeur:* Bonjour, les enfants! Je suis Hugo, le directeur du cirque et je ______ présente Clopin, notre clown, et Carlo, notre fantastique dompteur. Clopin va d'abord ______ montrer quelques exercices pour préparer le spectacle final.

Clopin: Bonjour à tous! Alors, regardez bien! Vous voyez ces trois jolies balles?

Les jeunes: Oui, nous ______ voyons. Tu ______ expliques un nouveau jeu?

Clopin: Oui, on va jongler. Alexia, tu peux ______ prendre et tu ______ lances à Caroline.

Alexia: D'accord, je ______ lance une balle mais pas trois!

Clopin: Si, c'est possible si tu ______ lances d'abord une balle, ensuite la deuxième et puis la troisième.

Caroline: Oh là là, mais je ne peux pas ______ prendre toutes les trois, c'est trop difficile.

Clopin: Mais enfin, Caroline, tu veux apprendre, oui ou non? Comment est-ce que je dois ______ apprendre à jongler? Ce jeu a un grand succès, tu sais. Les gens ______ aiment beaucoup.

Le directeur: Ecoute, Clopin, c'est le premier jour, alors tu peux d'abord montrer aux enfants comment on saute avec une corde sans tomber.

Clopin: Quoi, je ______ montre un petit jeu avec une corde? Mais ils ______ connaissent déjà. Je veux ______ montrer des choses intéressantes!

Le directeur: D'accord, alors commence avec Léo. Tu ______ donnes ton gros nez rouge[1] et tu ______ racontes comment on fait un sketch drôle. Toi, Carlo, tu vas essayer une autre activité avec Caroline et Alexia.

2 *Carlo:* Est-ce que vous voulez préparer un numéro avec des animaux?

Caroline et Alexia: Oh oui, bien sûr! Et Léo, on ______ laisse avec Clopin?

Carlo: Oui. Il va ______ attendre ici. Nous allons d'abord voir les tigres[2] et vous allez ______ regarder sauter dans un cercle de feu[3]. Vous allez aimer notre tigre Lupo qui saute très bien. Après, vous allez ______ apporter une petite récompense[4].

---

1 un gos nez (rouge) eine dicke (rote) Nase = eine Clownsnase – **2 un tigre** ein Tiger – **3 un cercle de feu** ein Feuerring – **4 une récompense** eine Belohnung

Caroline : Quoi? Un tigre? Mais c'est trop dangereux!

Je ne veux pas entrer dans sa cage[1]. Il va ___________ manger!

Alexia: Moi, je suis d'accord, je n'ai pas peur. Je vais ___________ donner mon bon sandwich au saucisson! Je suis sûre qu'il va ___________ aimer. Caroline, tu peux faire une photo de moi avec Lupo sur ton portable?

Caroline : OK, c'est bon, je fais une photo de ___________ ensemble et je peux ___________ envoyer sur facebook pour les copains! Ils vont bien rigoler si le tigre ___________ mange!

Carlo: Mais non, mais non, les enfants, je ne vais pas ___________ demander de faire quelque chose de dangereux. Lupo n'est pas un tigre agressif[2]! Alexia va ___________ lancer la récompense sans entrer dans sa cage, bien sûr! Allez, on y va!

Caroline et Alexia: Salut, Léo.

Le directeur: Alors, vas-y et je ___________ retrouve tous au déjeuner, à bientôt!

En forme

7 Un pour tous et tous pour un! (G 28)

A l'école, les élèves discutent avec leur professeur pour préparer la fête du sport avant les grandes vacances.

Lis les dialogues, puis complète-les avec les formes correctes de ***«tout» et les articles****, là où il les faut.*
Parfois, on peut également mettre ***l'adjectif possessif*** *après «tout».*
(Lies die Dialoge und ergänze sie mit den richtigen Formen des Begleiters ***„tout" und den Artikeln****,*
da, wo es nötig ist. Manchmal kann auch der ***Possessivbegleiter*** *nach „tout" stehen.)*

Le prof: Bonjour. ______________________ élèves sont là, aujourd'hui? … Très bien.

Nous allons préparer notre grande fête du sport pour la semaine prochaine.

Mehdi: Monsieur, est-ce que ______________________ copains peuvent venir aussi à notre fête?

Le prof: Mais bien sûr. La fête, c'est pour ______________________ monde. Là, on rencontre ______________________ amis du sport. Tu peux inviter ______________________ copines aussi.

Sacha: Oh, génial! Et nous allons faire la fête ______________________ journée?

Le prof: Oui, et vous pouvez faire ______________________ sports que vous aimez. Alors, est-ce que ______________________ équipe de foot a préparé ______________________ programme?

Mehdi: Oui, nous avons ______________________ préparé ______________________ ensemble hier.

Le prof: Bon, alors, ______________________ va pour le mieux. Marie et Sarah, ______________________ deux, vous allez faire la liste de ______________________ ateliers, s'il vous plaît.

1 une cage ein Käfig – **2 agressif, agressive** aggressiv

→

Alors, est-ce que ______________________ grands champions de trampoline ont fait ______________________ exercices?

Mehdi: Oui, monsieur. Mais qui va faire ______________________ photos?

Marie: Pas de problème, Mehdi. Tu sais bien que presque ______________________ médias de la région viennent à notre fête ______________________ ans.

Le prof: C'est vrai, mais ______________________ classe peut aussi faire des photos, vous savez. Bon, alors, ______________________ va bien et moi, je vais écrire une petite lettre pour informer ______________________ parents. Et bonne chance aux sportifs. Un pour ______________, ______________ pour un!

En forme

8 Vive la colo! (G 27, 30)

Pierre et Léa sont moniteurs[1] dans une colo. Ils attendent un nouveau groupe d'enfants. Ils discutent …

*Lis le dialogue, puis complète-le. Mets les verbes entre parenthèses à **l'imparfait** et utilise les comparatifs **plus … que (+)**, **moins … que (–)** ou l'expression de l'égalité **aussi … que (=)**. Attention à l'accord de l'adjectif.*
*(Lies den Dialog und ergänze ihn. Benutze das **Imparfait** sowie **die Steigerung** und **die Gleichheit der Adjektive**. Achte darauf, dass du die Adjektive eventuell angleichen musst!)*

Léa: Alors, Pierre? Comment est-ce qu'elle (être) ______________________ cette colo? Je trouve que les enfants (être / – sympa) ______________________ les enfants de l'année dernière.

Pierre: C'est normal, l'année dernière nous (avoir) ______________________ beaucoup de garçons. Et les garçons, c'est (– compliqué) ______________________ les filles …

Léa: Quoi? C'est une blague! Et ce garçon, Josué … Il (pleurer[2]) ______________________ toutes les deux minutes parce qu'il (ne pas avoir) ______________________ envie de faire une activité, ou parce que les autres (être / + fort) ______________________ lui … Ou Théo, il (ne pas vouloir) ______________________ manger, parce qu'il (trouver) ______________________ que les repas (être / – bon) ______________________ les repas de sa maman …

Pierre: Léa! C'(être) ______________ une blague! Les enfants (être / = mignon[3]) ______________________ les autres, bien sûr! Je crois que tu es (= fatigué) ______________________ moi. Allez! Viens! On va prendre un café. Le prochain groupe va arriver dans une heure.

Léa: Pierre! Je (penser) ______________ que tu (être / – bête) ______________________ les autres … Et vive les monos!

1 un moniteur, une monitrice ein Betreuer, eine Betreuerin – **2 pleurer** weinen – **3 mignon, mignonne** süß

Les mots
les lettres

9 Grille de mots cachés

→ En plus CD, 3 △

A *Lis les définitions suivantes et retrouve les mots correspondants dans la grille: 6 horizontalement, 5 verticalement.*
(Lies die folgenden Definitionen und suche die passenden Wörter heraus: 6 waagerecht, 5 senkrecht.)

horizontalement →

1. C'est le contraire du verbe «commencer»:

2. C'est un sport plus dangereux que le judo et où il faut porter un masque[1]:

3. Quand on a un problème, il faut trouver une …

4. C'est quelque chose qu'on fait la nuit, quand on dort:

5. C'est quelque chose que les clowns prennent pour jongler:

6. Quand on aime la nature[2], on ne veut pas habiter en ville, on préfère …

verticalement ↓

7. C'est l'endroit où les clowns travaillent:

8. C'est un grand animal que beaucoup de filles adorent et avec lequel[3] on peut faire des courses:

9. Sur un trampoline, on peut …

10. Si tu veux acheter quelque chose de cher, tu dois avoir assez …

11. C'est une personne qui est ou qui habite à côté de toi:

C	N	F	I	N	I	R	D	H	G	Y	M	F	U	V
I	C	I	D	Z	P	R	E	S	C	R	I	M	E	K
R	T	Z	O	P	N	U	B	A	Q	E	R	V	A	G
Q	O	Q	N	H	S	O	L	U	T	I	O	N	T	R
U	P	D	C	Y	U	Z	R	T	S	Z	H	L	S	V
E	Q	O	H	C	S	X	G	E	R	A	I	T	G	O
Z	I	E	E	H	U	P	E	R	N	E	R	B	H	I
N	R	Ê	V	E	R	Q	P	D	Q	W	A	U	M	S
E	W	S	A	V	P	K	C	E	T	S	E	A	L	I
B	V	K	J	A	L	P	F	N	L	U	V	R	B	N
P	B	A	L	L	E	G	C	A	M	P	A	G	N	E
K	M	T	C	Y	N	L	F	R	B	D	W	E	P	L
U	X	V	S	T	D	L	F	R	W	A	K	N	S	A
G	N	D	E	Z	O	E	N	Q	O	Z	F	T	F	I

→ En plus CD, 2

B *Qu'est-ce qu'on dit dans certaines situations?*
(Was sagt man in bestimmten Situationen? Im En plus-Teil auf der CD findest du die passende Übung dazu.
Außerdem findest du im En plus-Teil den ***A****-Teil der Aufgabe auch noch in einer schwierigeren Variante.)*

1 **un masque** *hier:* eine Maske als Gesichtsschutz – 2 **la nature** die Natur – 3 **avec lequel** mit dem

Ecouter

1 Des rêves plein la tête

23 Vendredi soir, Julien rentre à la maison et discute avec ses parents.

A *Ecoute le document et coche la bonne phrase.*

Julien et ses parents discutent …

☐ des problèmes de Julien au collège.
☐ de son copain Marco.
☐ des prochaines vacances de Julien.

TIPP

Im Hörtext kommt der Begriff **UCPA** vor.
Es handelt sich um eine französische Einrichtung, die *Union nationale des centres sportifs de plein Air*. Sie bietet interessante Aktivitäten an für Leute, die gerne Sport treiben. Mehr erfährst du im Text.

B *Vrai ou faux? Ecoute le document encore une fois et coche la bonne réponse.*

	vrai	faux
1. Marco explique qu'à l'UCPA, on peut faire tous les sports.	☐	☐
2. Il veut habiter dans un appartement avec ses parents.	☐	☐
3. Les parents de Julien ont entendu le message de Marco.	☐	☐
4. Le père trouve que l'idée de Marco est géniale.	☐	☐
5. Julien fait du sport presque tous les jours.	☐	☐
6. A l'UCPA, il veut apprendre le parachutisme.	☐	☐
7. La mère de Julien trouve que ce sport est dangereux.	☐	☐
8. Julien rêve de gagner beaucoup d'argent avec le sport.	☐	☐
9. Sa mère trouve que c'est une bonne idée.	☐	☐
10. Julien propose de partir avec ses parents pas loin du centre de l'UCPA.	☐	☐
11. Sa mère préfère rester à Paris.	☐	☐
12. Son père veut réfléchir.	☐	☐

C *Maintenant, écoute le document une dernière fois. Puis, complète les phrases* ***1.–2. / 5.–7.*** *et coche la bonne réponse des phrases* ***3.–4.***

1. Julien a oublié son portable sur ____________________ de ____________________ .

2. Son copain Marco a laissé un ____________________ sur le portable de Julien.

3. Marco propose à Julien d'aller ☐ en week-end. ☐ en vacances. ☐ à une fête du sport.

4. Marco veut partir ☐ trois semaines. ☐ une semaine. ☐ un mois.

5. Le numéro de téléphone de Marco est le ____________________ .

6. Julien a ____________ ans et Marco a ____________ ans.

7. Julien fait du sport depuis ______ ans. Il fait de ______,

du ______ et du ______.

Grammaire et vocabulaire

2 Bientôt les vacances! On fait quoi?

→ En plus CD, 4 △

Au téléphone, deux cousins, Sacha et Robert, discutent de leurs projets de vacances.

Lis leur dialogue, puis complète-le avec les formes correctes des verbes et les mots qui manquent. Fais attention aux temps: ***présent / passé composé*** *et à* ***l'infinitif****. (Lies ihren Dialog und ergänze ihn mit den richtigen* ***Verbformen*** *sowie den fehlenden* ***Wörtern****. Achte auf die Zeiten: Präsens / Passé composé und auch auf den Infinitiv. Bevor du diese Aufgabe machst, bereite dich mit der leichteren Variante im En plus-Teil vor.)*

Sacha: Salut, Robert! C'est moi, Sacha. Dis-moi, quels sont tes p______ pour les vacances? Tu *(déjà choisir)* ______ une r______ en France ou un pays? Où est-ce que tes parents *(vouloir partir)* ______?

Robert: Salut! Non, je *(ne pas savoir)* ______, nous *(réfléchir)* ______ encore. Mes parents *(choisir)* ______, ils *(partir)* ______ toujours dans des grandes v______, tu *(savoir)* ______ bien!

Sacha: Ecoute, comme toi, mon r______, c'est de faire du p______, alors, c'est s______ comme bonjour: tu *(choisir)* ______ d'aller à la c______ où il n'y a pas beaucoup de m______! Si vous *(réussir)* ______ à être d'accord, on *(partir)* ______ t______ ensemble!

Robert: C'est un bon a______, je suis de ton a______, mais ma mère trouve que s______ en parachute, c'est un sport d______!

Sacha: Ne t'en f______ pas! On va bien trouver une s______. On *(pouvoir)* ______ aussi essayer de *(partir)* ______ tous les d______ une semaine pour apprendre les a______ du cirque.

Robert: Tu es vraiment s______? Je n'ai pas beaucoup d' a______ de poche, moi! Bon, je *(finir)* ______ vite mes devoirs et je *(choisir)* ______ un endroit intéressant. Je te téléphone ce s______. Salut!

Unité 8
C'était chouette!

Ecouter

1 «Salut, les jeunes!»

24 A la radio française, tu écoutes l'émission «Salut, les jeunes!» et cela t'intéresse.
(Im französischen Radio hörst du „Salut, les jeunes!", und die Sendung interessiert dich.)

A *Ecoute le document et coche la bonne phrase.*

A la radio, Alexandre, l'animateur, et les autres personnes parlent …

- ☐ d'un garçon qui n'est pas content parce que ses copains s'intéressent trop à une fille de la classe.
- ☐ d'une fille qui n'aime plus son copain et ne le regarde plus.
- ☐ d'un garçon qui n'a pas la pêche parce qu'une fille ne le regarde pas.

B *Vrai ou faux? Ecoute le document encore une fois et coche la bonne réponse.*

	vrai	faux
1. «Salut, les jeunes!», c'est le mercredi après-midi, de 4 heures à 5 heures.	☐	☐
2. Aujourd'hui, Alexandre a invité un jeune au studio: Clément.	☐	☐
3. Clément habite à Dijon, il a 14 ans.	☐	☐
4. Clément a un problème, il en parle à la radio.	☐	☐
5. Au studio, il y a le docteur Richard.	☐	☐
6. Le docteur Richard comprend bien les sentiments du jeune garçon parce qu'il a les mêmes problèmes.	☐	☐
7. Clément aime la musique, il joue dans un groupe, mais il n'est pas sportif.	☐	☐
8. Son problème: depuis trois semaines, il est triste et malheureux.	☐	☐
9. Alexandre trouve que Clément ne joue plus bien.	☐	☐
10. Le problème de Clément, c'est un chagrin d'amour.	☐	☐
11. Clément a peur de parler à Samira.	☐	☐
12. Samira dit qu'elle préfère un autre garçon.	☐	☐
13. Sandra trouve qu'il faut oublier Samira parce qu'elle ne s'intéresse pas à Clément.	☐	☐
14. Caroline propose à Clément de faire du sport et de la musique.	☐	☐
15. Caroline croit que Clément doit retrouver son énergie.	☐	☐
16. Le docteur Richard est sûr que les copains vont aider Clément.	☐	☐
17. Plus tard, Alexandre va parler avec un autre garçon qui aime aussi Samira. Ça va être une situation bizarre.	☐	☐

C *Pour finir, complète la phrase suivante. (Ergänze den folgenden Satz.)*

Il ______________________________ oublier Samira, mais il va ______________

que d'autres choses et d'autres personnes ______________________________ pour lui.

Lire

2 Monter[1] un groupe de musique

Tu es en France chez ton copain Ludo qui, comme toi, aime la musique et joue d'un instrument. Avec trois autres copains, vous avez l'idée de monter un groupe de musique. Mais comment faire? Ludo a trouvé un site Internet très intéressant …

A *Lis le texte et coche la bonne phrase.*

Vous avez déjà inventé quelques chansons et vos amis trouvent qu'elles sont super? Vous sentez que vous êtes prêts à jouer devant un public? Vous rêvez de faire un concert? De produire un CD? Vous imaginez déjà les applaudissements? Tout cela est possible! Mais il faut savoir comment faire pour réussir. Lisez donc les conseils[2] que nous, les experts dans le monde de la musique, pouvons vous donner:

- D'abord, cherchez des talents! Est-ce que quelqu'un dans votre groupe sait bien écrire des textes ou composer[3] la musique pour les chansons? Sinon, essayez de découvrir des talents chez vos copains et copines …
- Cherchez des idées originales! Le mieux, c'est de chercher des idées ensemble. Puis, l'auteur et le compositeur travaillent ensemble.
- Cherchez vos instruments! Vous êtes déjà un groupe? Oui. Mais est-ce que vous avez tous les instruments qu'il faut? Il faut absolument un instrument pour donner le rythme, comme la batterie, par exemple. Il faut aussi un instrument pour la mélodie, comme le saxophone ou la guitare, par exemple. Puis, vous avez besoin[4] d'un instrument pour accompagner, par exemple une autre guitare. Et surtout, un chanteur ou une chanteuse! Le chanteur ou la chanteuse sont très importants car c'est lui ou elle qui fait l'ambiance[5] et qui communique avec le public!
- Faites un concert! Vous allez voir, un vrai concert, c'est fantastique! Choisissez vos meilleures chansons, cherchez un endroit pour le concert, pensez aux invitations, aux affiches, etc. Votre premier concert est peut-être petit, dans votre collège, dans votre jardin, mais cela va vous donner la motivation pour continuer, et le public va revenir pour le deuxième concert - et plus nombreux[6]!
- Cherchez des professionnels pour vous aider! Les musiciens professionnels peuvent vous aider et vous expliquer comment on écrit des chansons que le public va aimer, et comment on fait pour bien les présenter. Vous ne connaissez personne dans le monde de la musique? Ce n'est pas un problème. Nous avons une petite liste, pour vous, avec des musiciens, des chanteurs, des personnes qui travaillent à la radio ou qui organisent des concerts, …. Ce sont des jeunes qui ont déjà quelques années d'expérience[7] et qui sont passionnés[8] par leur métier et veulent aider d'autres jeunes. N'ayez donc pas peur[9] de les contacter!

Enfin la chose la plus importante: répétez, répétez, répétez! Même si vous avez déjà un bon niveau, vous devez toujours travailler et pour progresser[10] ne pas perdre ce niveau. Et pour avoir cette discipline, il faut vraiment être passionné de musique!

Ce site web veut …

☐ chercher des jeunes musiciens pour monter un groupe.

☐ inviter au premier concert d'un groupe de jeunes musiciens.

☐ aider des jeunes musiciens qui veulent monter un groupe.

---

1 monter *hier:* gründen – **2 un conseil** ein Rat(schlag) – **3 composer** komponieren – **4 avoir besoin de qc** etw. brauchen – **5 l'ambiance (f.)** die Stimmung – **6 nombreux, nombreuse** zahlreich – **7 une expérience** eine Erfahrung – **8 passionné(e)** leidenschaftlich, begeistert – **9 n'ayez pas peur** haben Sie keine Angst *hier:* habt keine Angst – **10 progresser** Fortschritte machen, weiterkommen

B *Lis le texte encore une fois. Vrai ou faux? Coche.*
Justifie ta réponse: note la ligne / les lignes dans le tableau.

	vrai	faux	ligne(s)
1. Les auteurs de ce site web sont des experts du monde de la musique.	☐	☐	
2. Pour trouver les nouveaux talents, il ne faut surtout pas chercher chez les copains.	☐	☐	
3. La meilleure méthode pour faire des chansons originales, c'est d'écrire le texte avec les copains.	☐	☐	
4. Dans un groupe, le chanteur est important, mais c'est l'instrument qui donne le rythme, comme la batterie, qui fait l'ambiance.	☐	☐	
5. Il faut toujours 3 ou 4 instruments, peu importe lesquels[1].	☐	☐	
6. Pour un groupe, faire un premier concert, c'est fantastique, même si ce n'est pas dans une grande salle.	☐	☐	
7. Les personnes qui viennent écouter le premier concert viennent aussi écouter le deuxième concert.	☐	☐	
8. Sur le site web, il y a des exemples pour les invitations et les affiches.	☐	☐	
9. Il ne faut pas avoir peur de contacter[2] des professionnels.	☐	☐	
10. Il faut absolument connaître des gens qui travaillent déjà dans le monde de la musique.	☐	☐	
11. Le site web propose une liste de jeunes qui sont prêts à aider d'autres jeunes.	☐	☐	
12. En musique, on répète beaucoup les premières années; plus tard, quand on a un certain niveau, la discipline n'est plus très importante.	☐	☐	

Ecrire

3 Comment faire ...?

Souvent, beaucoup de garçons et de filles se trouvent dans une nouvelle classe ou même dans un nouveau collège (quand ils entrent en sixième), parce que la famille a déménagé ou parce qu'ils doivent redoubler la classe (Eh oui, ça existe...). La situation n'est pas facile: on ne connaît personne et les autres se connaissent déjà et parlent et rigolent ensemble. Alors comment faire pour trouver des contacts et surtout, pour être accepté par les élèves et les profs?

(Oft sind viele Jungen und Mädchen nach den Sommerferien in einer neuen Klasse oder sogar in einer neuen Schule, weil die Familie umgezogen ist oder weil sie sitzen geblieben sind. Die Situation ist nicht leicht: Man kennt niemanden, die anderen kennen sich aber schon lange und sprechen und lachen zusammen.)

Ecris un texte de 120 à 140 mots environ et donne ton avis. Donne des conseils aux filles et aux garçons concernés. (Erläutere in einem Text von ca. 120–140 Wörtern deine Meinung zu dem Thema und schreibe die Ratschläge auf, die du betroffenen Jungen oder Mädchen geben kannst.)

TIPP

Lege dir am besten zunächst eine Stichwortliste an, die du in zwei Bereiche untergliederst:
1. Wie siehst du die Situation (neu in einer Klasse) überhaupt? Warum ist es schwierig?
2. Was kann man deiner Meinung nach tun, um sich möglichst schnell in der Klasse wohl zu fühlen?

1 peu importe lesquels egal welche – **2 contacter qn** mit jdm. Kontakt aufnehmen / in Verbindung treten

Médiation

4 Le blog d'une mère qui n'a pas la vie facile.

Seit einiger Zeit ist es nicht einfach zwischen dir und deiner Mutter. Sie meint, dass „das Leben mit einem pubertierenden Kind schrecklich nervenaufreibend ist." Zufällig entdeckst du im Internet diesen Blog einer französischen Mutter und zeigst die Seite deiner Mutter. Das interessiert sie, aber da sie kein Französisch versteht, bittet sie dich, ihr das Wesentliche aus den Texten zu erzählen. Geschichten, die nur von Leuten handeln, die sie nicht kennt, will sie gar nicht hören, aber alles, was diese französische Mutter mit ihrer Tochter erlebt und was sie sich dazu denkt, das möchte sie wissen. Und sie interessiert, ob diese Mutter eher verzweifelt ist oder das Ganze mit Humor nimmt.

Lundi, 22 h 13

Assez, je suis fatiguée! Et je suis en colère! Quelle journée … et quelle fille! Je vais vous raconter ma journée et vous allez me dire si ma fille est un problème ou si c'est moi qui invente des problèmes. Alors … Je vais au bureau. Comme tous les jours, il y a beaucoup de travail. Mon chef, Monsieur Lapon, n'est pas sympa (comme toujours), j'ai rendez-vous avec un client très difficile, je suis donc stressée. Quand je rentre, fatiguée, Véronique, ma fille, n'est pas devant la télé. C'est bizarre parce que, d'habitude, elle regarde toujours sa série préférée. Je l'appelle: «Véro, Véro, tu es là?» Pas de réponse. Je monte dans sa chambre et je vois … une catastrophe! C'est le chaos. Dans la chambre, rien n'est à sa place. Je me dis: on ne peut pas vivre[1] dans cette chambre. Je commence à ranger et une demi-heure après, tout est bien, c'est la jolie chambre de Véronique. Ça va être une surprise pour elle. Je vais à la cuisine et je prépare des spaghettis parce que Véro les aime beaucoup. Une deuxième surprise …

Mais ma fille n'arrive pas, elle ne téléphone même pas. J'attends, j'attends … Vers 21 heures, quand elle rentre enfin, les spaghettis sont froids et collent[2]. Normalement, elle doit renter à 20 heures. Véro ne dit pas bonsoir, elle n'explique pas pourquoi elle est en retard, elle ne dit rien, elle monte tout de suite dans sa chambre. Je crois qu'elle va être très contente de ma surprise, mais elle est en colère, elle crie: «Pourquoi tu es entrée dans ma chambre? C'est ma chambre, je ne veux pas que tu entres dans ma chambre, et je ne veux pas que tu ranges mes affaires!» Ma belle surprise: une mauvaise surprise pour elle. Elle ne veut rien manger, elle va au lit sans me parler …

Mardi, 21 h 45

Elle ne parle toujours pas. Je dis bonjour ou je pose une question, mais elle n'écoute pas, elle ne répond pas. On passe donc les repas en silence, et quand elle a fini de manger, elle quitte la cuisine et me laisse seule. Elle passe la soirée devant son ordinateur. Je ne la comprends pas, mais j'ai une idée: je vais lui poser mes questions sur facebook, avec un pseudonyme, bien sûr. Je vais lui demander comme à une amie: – Qu'est-ce que tu as fait hier, entre 19 heures et 21 heures? Est-ce que tu ne vas pas bien? Tu as des problèmes? Pourquoi tu n'as pas la pêche?

Est-ce qu'elle va me répondre? Sinon, est-ce que vous avez une autre idée?

Mercredi, 20 h 10

Elle n'a pas répondu, mais ce soir, ma fille était très en forme. Elle a préparé une salade et des moules. (Elle sait que j'adore les moules.) Pendant le repas, elle a raconté des histoires du collège, de ses copines … C'était une autre fille. Je ne comprends pas les jeunes de cet âge! Dites-moi[3]: est-ce qu'il existe une méthode pour qu'ils restent toujours petits, mignons[4] et sympas?

1 vivre leben – **2 coller** kleben – **3 dites-moi** sagt mir – **4 mignon, mignonne** süß

En forme

5 Une situation dangereuse (G 31)

→ En plus CD, 1 △

Sur Internet, un jeune garçon, Grégoire, raconte une histoire qui s'est passée pendant ses vacances au bord de la mer.

*Mets les verbes donnés à la bonne forme de l'**imparfait** ou du **passé composé**.*
*(Setze die angegebenen Verben ins **Imparfait** oder ins **Passé composé**.)*

TIPP

Bevor du mit der Übung beginnst, mache dir nochmal klar, was du mit dem *Imparfait* oder dem *Passé composé* ausdrückst:
Imparfait → Hintergund (Frage: Was war schon?)
Passé composé → Vordergrund (Frage: Was geschah dann?)
Wenn du noch Probleme mit dieser Übung hast, mache zuerst die leichtere Variante im *En plus*-Teil, warte danach einen Tag und mache dann die Übung hier.

C (être) ______________ les vacances. Il (faire) ______________ beau, la mer (être) ______________ bonne, on (lire) ______________ sur la plage ou on (regarder) ______________ les gens dans l'eau. Moi, je (jouer) ______________ souvent au volley avec les autres jeunes que je connaissais déjà parce que nous (venir) ______________ au même endroit tous les ans. Le soir, nous (se retrouver) ______________ pour faire la fête sur la plage ou sur la terrasse de notre café préféré, *La mouette* qui (préparer) ______________ le meilleur diabolo menthe du monde.

Mais un jour, un incident[1] (changer) ______________ cette ambiance d'été calme et sereine[2]: quatre jeunes, qui n' (avoir) ______________ pas l'air sympa, (arriver) ______________, je ne sais pas d'où. Leur «chef» (dire) ______________ à Elodie, une fille qui (être) ______________ avec nous: «Toi, tu me plais.» Et il (essayer) ______________ de l'embrasser. La fille (avoir) ______________ peur et elle (commencer) ______________ à pleurer. Tout de suite, Frédéric (se mettre) ______________ devant la fille pour la protéger[3]. (Je crois qu'Elodie est un peu sa copine …) L'autre garçon, le «chef», (laisser) ______________ Elodie, il (regarder) ______________ Frédéric, puis il (faire) ______________ un signe à ses copains …

Mais à ce moment-là, un de nos copains (crier) ______________: «Ah, voilà la police qui arrive!» Alors, le «chef» et son groupe (partir) ______________. Ouf! Mais les vacances n' (être) ______________ plus les mêmes.

---

1 un incident ein Vorfall – **2 serein(e)** heiter – **3 protéger qn** jdn. schützen

En forme

6 Mon week-end, ton week-end (G 34)

Dans la cour du collège, Clément et Romain parlent de leur week-end.

Lis le dialogue et complète-le avec les réponses de Romain et les questions de Clément. Les mots allemands et l'image vont t'aider.

Clément: Ce week-end, j'ai rencontré tous mes copains de foot. Et toi?

Romain: Moi, je ____________________ . — **niemanden**

Clément: Je joue au foot depuis trois ans.

Romain: Moi, je ____________________ . — **nicht**

Clément: J'aime beaucoup faire du sport, surtout en équipe.

Romain: Je ____________________ . — **nicht**

Clément: On a eu un match. Et figure-toi[1], on a gagné la coupe[2]!

Romain: Je ____________________ gagné. — **nichts**

Clément: Et c'est vrai, tu ________ fais ________ de sport? — **niemals**

Tu ________ vois ________ d'amis? Tu ________ — **keine / nicht**

as ________ la pêche?

Romain: Si, j'avais la pêche. Mais je ________ avais ________ envie de sortir. — **keine**

Clément: Samedi et dimanche, tu n'es resté ________ devant ton ordinateur? — **nur**

Tu as vu quelqu'un, au moins?

Romain: Non, je ____________________ . — **Niemand!**

Clément: Tu as fait des petites pauses, quand même??

Romain: Non. Je ____________________ de pause. — **keine**

Clément: Ecoute, Romain, tu ________ peux ________ continuer comme ça … — **nicht**

Arrête ces bêtises!

Romain: Non, ____________________ ! Le week-end prochain, — **Nicht jetzt!**

mon cousin va m'apporter un tout nouveau jeu vidéo. Tu veux jouer avec nous? Ou

est-ce que tu fais déjà quelque chose avec ton équipe?

Clément: Non. Je ____________________ ! — **nichts**

Romain: Alors, on va se voir samedi, d'accord?. Je suis content …

Clément: Euh, … ____________________ ! — **ich auch!**

---

1 Figure-toi! Stell dir vor! – **2 une coupe** *hier:* ein Pokal

En forme

7 Pendant le cours d'allemand (G 32, 33)

→ En plus CD, 2 △

Pendant le cours d'allemand de la 4ᵉ B, deux élèves ne font pas attention …

*Lis le texte et complète-le avec les bonnes formes des verbes **rire** et **croire**.*

TIPP

Denk daran, dass die beiden Verben *croire* und *rire* ein wenig anders konjugiert werden als die meisten anderen Verben! Achte vor allem auf **i** oder **y**! Wenn du noch Probleme mit dieser Übung hast, mache zuerst die leichtere Variante im *En plus*-Teil, warte danach einen Tag und mache dann die Übung hier.

Une élève commence à __________. Elle __________, elle __________. Son voisin dit: «Pourquoi est-ce que tu __________?»

«Je ne sais pas, je __________ comme ça, ça m'arrive parfois.» Maintenant, l'autre élève __________ aussi. Les enfants __________, ils __________, ils n'arrêtent pas de __________. Le prof: «Pourquoi est-ce que vous __________?

Je __________ que vous __________ de moi … Vous __________ que je suis drôle?»

«Mais non, nous ne __________ pas de vous, monsieur, nous __________ que vous êtes un prof tout à fait normal.»

Le prof: «Ah, j'__________ (p.c.) que mes élèves __________ (imp.) de moi … Mais __________-moi, parfois je __________ aussi de mes élèves …»

Les mots et les lettres

8 Parler sans s'arrêter …

→ En plus CD, 3 △

Eve parle de sa journée au collège à sa sœur, mais elle parle vite et sans s'arrêter. Sa sœur veut savoir si elle va bien ou non et comment va Anne, la meilleure copine d'Eve.

Dans le serpent, cherche et surligne au marqueur tous les mots et toutes les expressions qui expriment les sentiments, comment on se sent, etc.
(Markiere in der Schlange alle Wörter und Ausdrücke, die Gefühle ausdrücken, und wie es jemandem geht etc.)

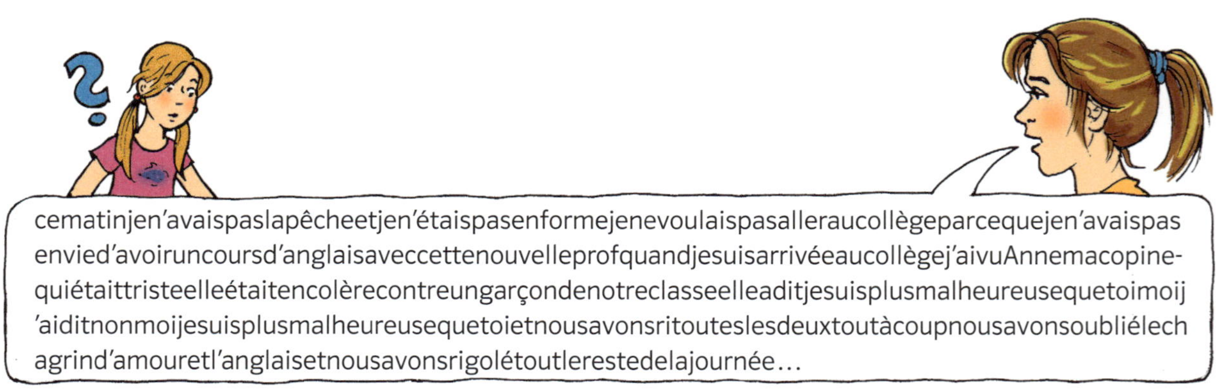

Médiation

1 On regarde un film?

Seit Kurzem ist ein neues Mädchen in eurer Klasse: Morgane. Sie kommt aus Frankreich und spricht noch nicht gut Deutsch. Du hast dich ein wenig mit ihr angefreundet, und nun bist du, zusammen mit deiner Freundin Andrea, bei Morgane zu Hause. Ihr wollt einen Film sehen und sie zeigt euch im Wohnzimmer die DVD-Sammlung der Familie.

Da Andrea kein bzw. kaum Französisch spricht, übernimmst du die Rolle des Dolmetschers …

Morgane: Regardez, voici nos DVD, je suis sûre qu'on va trouver un film pour nous …
Andrea: Meine Güte, sind das viele DVDs ! Das ist ja wie in einer Videothek hier …

Toi: ____

____.

Morgane: Oui, notre famille s'intéresse beaucoup au cinéma. Mon père aime les vieux films français, il en a beaucoup. Mais regardons plutôt ce qui peut nous faire plaisir ce soir … par exemple ceci …

Toi: ____

____

____

____.

Andrea: Das ginge mir genauso … Aber sagt mal, ich verstehe doch französische Filme gar nicht!

Toi: ____

____

____

____.

1 une ombre ein Schatten

Morgane: Ce n'est pas un problème. Le texte est en français, mais normalement, on peut choisir la langue. Nous pouvons regarder le film en allemand, c'est bien pour moi, pour apprendre l'allemand …

Toi: ____

____

____.

Andrea: Hier, das sieht witzig aus. Lies mal den Text und sag uns, was für eine Geschichte das ist

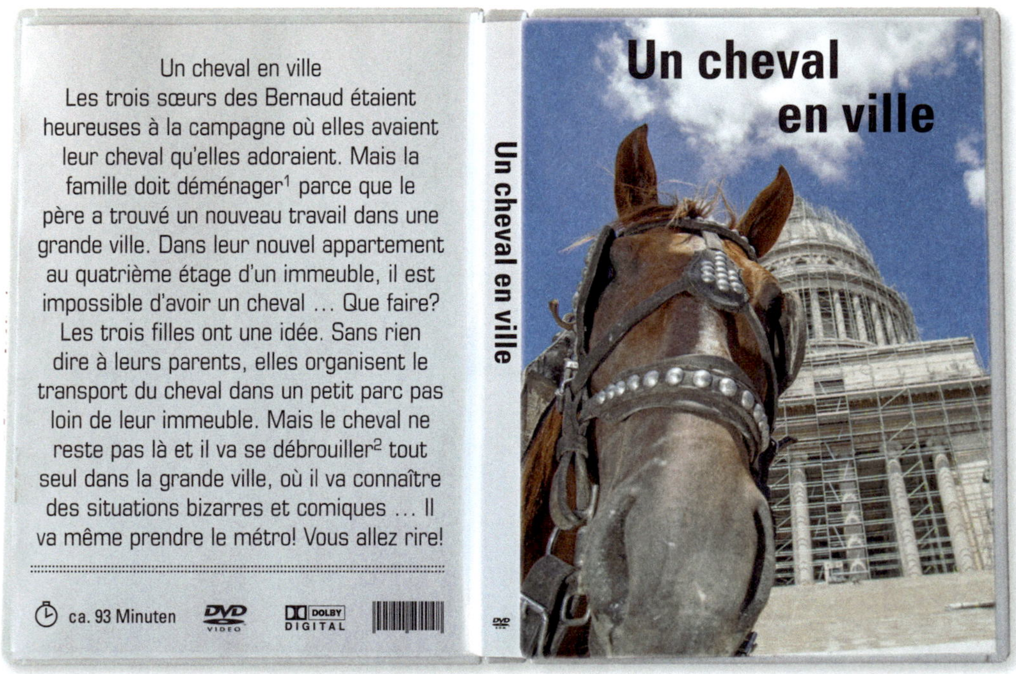

Toi: ____

____

____

____

____

____.

Andrea: Das finde ich gut, können wir den Film sehen?

Toi: Ja, ich bin auch dafür. Et toi, Morgane?

Morgane: Moi, je l'ai déjà vu, mais j'aime bien ce film. Je veux bien le revoir en langue allemande avec vous.

Toi: ____

____

____

1 déménager umziehen – **2 se débrouiller** zurecht kommen, klar kommen

Grammaire
Vocabulaire

2 Céline a des problèmes.

Céline n'est pas en forme ce matin. Mais qu'est-ce qu'elle a?

Mets le texte suivant au ***passé*** *(passé composé ou imparfait), et complète-le avec les bonnes formes des verbes* ***rire*** *et* ***croire****. Transforme aussi les phrases soulignées à la forme négative. (Setze den folgenden Text in die* ***Vergangenheit*** *[Passé composé oder Imparfait], und ergänze ihn mit den richtigen Formen der Verben* ***rire*** *und* ***croire****. Forme auch noch die unterstrichenen Sätze auf den Schreiblinien in verneinte Sätze um.* ***Beachte:*** *Erst wenn du alle Umformungen vollzogen hast, ergibt der Text einen richtigen Sinn.)*

TIPP

Denk daran, dass die beiden Verben croire und rire ein wenig anders konjugiert werden als die meisten anderen Verben! Achte vor allem auf **i** oder **y**!

C'est le petit-déjeuner de la famille Arnault. Céline arrive tard dans la cuisine. Elle a l'air fatiguée.

Elle est contente. ______________________________

Comme toujours, son frère fait des blagues et les autres ______________.

Mais Céline a envie de ______________, elle est triste.

____

La mère demande: «Qu'est-ce qu'il y a, ma puce?»

Céline répond: «C'est … *(nichts)*, j'ai la pêche, c'est tout.»

____

Le frère dit: «Je ______________ qu'elle a peur de l'interro de maths aujourd'hui.»

Mais Céline crie: «Mais non, j'ai peur *(keine)*.»

____

Son frère commence à chanter: «Alors c'est un chagrin d'amour … un chagrin d'amour …»

Après, Céline est en colère et elle dit: «Vous ______________ que j'ai une interro ou un chagrin d'amour? J'ai un problème, oui, mais c'est mon problème, je le dis à … *(niemandem)*.

____

Ecrire

3 La journée d'Eve

Eve parle de sa journée au collège à sa sœur. Sa sœur veut savoir comment elle va, et comment va Anne, la meilleure copine d'Eve.

Prends le rôle d'Eve et raconte ta journée. ***Attention aux temps*** *qu'il faut utiliser! Ecris un texte de 120 à 150 mots. Tu peux commencer comme ça … (Übernimm die Rolle von Eve und erzähle deinen Tag.* ***Achte auf die richtigen Zeiten!*** *Schreibe einen Text von 120 bis 150 Wörtern. Du kannst so anfangen …)*

TIPP

Du kannst vor Bearbeitung dieser Aufgabe zuerst nochmals die Lösungen der Ex. 8 anschauen.

Ce matin, je n'avais pas envie d'aller au collège …

Unité 1

En forme / Les mots et les lettres

1 Oscar

Oscar, un chien, raconte.

*Lies den Text über Oscar. Darin fehlen Wörter. Wähle die richtige Antwort (A, B, C, oder D) für jede Lücke des Textes aus. Schreibe den richtigen Buchstaben in den untenstehenden Raster. Die erste Antwort **(0)** ist dir als Beispiel vorgegeben. Der Buchstabe Q steht für „question".*

TIPP

Probiere alle vier Möglichkeiten durch und entscheide dich dann für die Variante, die dir aufgrund deines Grammatik- und Vokabelwissens am richtigsten erscheint. Lies dir nach deiner Entscheidung den Satz noch einmal durch.

«Je m'appelle Oscar et je suis un chien très sympa. Je suis (0) __C__ en mars 2012 à Toulouse. J'habite 11, rue Richard Lenoir, (Q1) ______ Mme Grain, la maman de mon copain Nick (Q2) ______ joue toujours avec moi quand Mme Grain travaille sur son ordinateur. (Q3) ______ intéressant, un ordinateur, on regarde des photos (de moi)! Mais Mme Grain regarde des mots, elle fait clic-clic sur le clavier[1], elle appelle ça «écrire des textes». Les chiens ne (Q4) ______ pas lire, alors je trouve ça bizarre. Et elle travaille beaucoup, beaucoup et alors, elle est fatiguée mais contente. Je ne comprends pas pourquoi elle aime ça. Moi, (Q5) ______ parce que je n'aime pas rester à la maison. J'aime jouer dans le parc avec Nick ou avec Chaya. Dans notre maison, Chaya est une star. Elle est petite, elle a une (Q6) ______ tête et elle est blanche et grise. Je ne sais pas (Q7) ______ âge elle a. C'est le chien de Mme Lalime qui est très sympa parce qu'il joue beaucoup avec nous. Chaya est très drôle, on fait des combats et surtout des blagues ensemble. Par exemple, on prend la souris[2] (bizarre, bizarre …) de Mme Grain et on met la souris (Q8) ______ le lit. Mme Grain cherche et cherche et elle ne trouve pas, alors elle est en colère. Mais elle comprend et aime les chiens, alors tout va bien …»

0	A	allé	B	tombé	C	**né**	D	resté
Q1	A	avec la	B	de	C	à	D	chez
Q2	A	qui	B	que	C	il	D	elle
Q3	A	Ces	B	Cette	C	C'est	D	Ça
Q4	A	savons	B	savent	C	pouvons	D	connaissent
Q5	A	ça m'énerve	B	ça m'intéresse	C	je comprends	D	je déteste
Q6	A	noire	B	jolie	C	beau	D	brune
Q7	A	combien	B	qu'elle	C	quel	D	quelle
Q8	A	sous	B	chez	C	à côté	D	jusqu'à

0	Q1	Q2	Q3	Q4	Q5	Q6	Q7	Q8
C								

1 un clavier eine Tastatur – **2 une souris** *hier:* eine Computermaus

Unité 2

En forme / Les mots les lettres

1 Un exposé sur les catacombes

Au mois de novembre dernier, tu as passé une semaine à Paris avec ta classe. Vous avez visité les catacombes. Aujourd'hui, tu fais un exposé en classe dans lequel tu parles des catacombes.
(Im vorigen November hast du mit deiner Klasse eine Woche in Paris verbracht. Ihr habt die Katakomben besichtigt. Heute hältst du in deiner Klasse ein Referat über die Katakomben.)

*Lies den Text über die Katakomben. Im Text fehlen Wörter. Wähle aus der Wortspeicher (A – O) das richtige Wort für jede Lücke (Q1 – Q12) im Text aus. Es sind zwei Wörter zu viel. Die erste Antwort **(0)** ist dir als Beispiel vorgegeben.*

! Diese Übung fordert deine Kombinierfähigkeit heraus. Einige der Wörter kennst du nämlich noch nicht, sie sind dir jedoch entweder aus dem Deutschen oder Englischen schon bekannt, z. B.: légende = auf Deutsch „Legende", auf Englisch „legend". Viel Spass beim Kombinieren!

Pendant notre tour à Paris, nous avons vu le Louvre, le Centre Pompidou, l'Institut du Monde arabe et la tour Eiffel, bien sûr. Mais nous avons aussi visité Paris sous la (0) __N__ : c'est toute une ville qui est sous le Paris que nous connaissons. Une vraie ville (Q1) ______ avec ses 290 km de chemins[1] qui s'entrecroisent[2]. Les catacombes, c'est vraiment une (Q2) ______ fantastique qui raconte des histoires, des mythes et des (Q3) ______.

Tout a commencé au temps des (Q4) ______. Les Romains ont fait des galeries de vingt (Q5) ______ sous terre pour sortir de la (Q6) ______. Avec le temps, il y a eu toujours plus de galeries et de (Q7) ______.
Pour beaucoup de gens, ces catacombes sont un vrai (Q8) ______ de la mort. Il y a entre cinq et six (Q9) ______ d'ossements[3].

Aujourd'hui, beaucoup de (Q10) ______ aiment aller dans les catacombes pour faire un (Q11) ______ ou pour écouter un concert, pour regarder un film (oui, il y a même des salles de cinéma!), ou pour voir une (Q12) ______ (avec des sculptures, des tableaux …).

Même Victor Hugo, dans son livre *Les Misérables*, a écrit sur la vie et la mort dans les catacombes.

A	attraction	**E**	mètres	**I**	pierre calcaire	**M**	spectacle
B	boutique	**F**	millions	**J**	pyramides	**N**	**terre**
C	exposition	**G**	musée	**K**	Romains	**O**	tunnels
D	légendes	**H**	Parisiens	**L**	souterraine		

0	Q1	Q2	Q3	Q4	Q5	Q6	Q7	Q8	Q9	Q10	Q11	Q12
N												

1 un chemin ein Weg – **2 s'entrecroiser** sich kreuzen – **3 des ossements** *(m., pl.)* Knochen

Unité 3

En forme / Les mots et les lettres

1 Un courriel pour Gabrielle

Vanessa écrit un courriel à sa copine Gabrielle.

Lies Vanessas E-Mail. In den meisten Zeilen ist ein Wort, das den Satz falsch macht.
Schreib dieses Wort in die vorgesehene Spalte.
***Achtung:** In 4 Zeilen stimmt der Satz! Setze bei diesen richtigen Zeilen ein Häkchen ✓.*
*Zwei Antworten **(0, 00)** sind dir als Antwort vorgegeben.*

Salut Gabrielle,		
Tu n'es pas venue au le collège, aujourd'hui. Tu es malade? Tu as la grippe?	le	0
Pauvre Gabrielle! Rester au lit, avec ou sans grippe, moi, je trouve ça terrible.	✓	00
Une fois, ma petite sœur a eu mal un virus contagieux[1] et je n'ai pas pu aller au		Q1
collège: être «malade» sans être malade, c'est plus bien! Mais toi, tu n'as pas		Q2
de petite sœur … Bon, je te raconte un peu la journée au collège: Madame		Q3
Dubois, notre prof de S.V.T., que n'est plus malade, elle est revenue		Q4
aujourd'hui. Et qu'est-ce qu'on a pu fait avec elle? On est allés au CDI pour		Q5
faire des secret recherches sur les oiseaux migrateurs[2]! J'aime être devant		Q6
l'ordinateur et surfer sur le Internet, mais au CDI avec Madame Dubois, c'est		Q7
nul! Je déteste ça: faire des recherches sur des choses qui ne m'intéressent pas.		Q8
Et chatter, écrire des courriels aux copines, mais chercher des nouvelles des		Q9
stars qu'on aime: avec Madame Dubois toutes ça ne va pas. En plus, j'ai		Q10
travaillé avec Pierre, tu imagines moi? Une catastrophe! Dans le cours d'EPS,		Q11
on a encore parlé de l'Action contre la faim: courir[3] combien de kilomètres?		Q12
Comment on trouver des sponsors? Toujours des discussions. Moi, je ne veux		Q13
pas parler de la course, je veux faire la course. Et je n'aime pas les chercher des		Q14
sponsors. Mais en principe, ce projet, c'est une bonne chose, tu ne trouves pas?		Q15
Pendant la récré, nous avons beaucoup de rigolé avec le nouveau surveillant, il		Q16
est vraiment sympa. Et, quelle surprise, il aime le judo sport, comme moi …		Q17
Salut et à bientôt, j'espère		
Vanessa		

1 contagieux, contagieuse *(fam.)* ansteckend *(ugs.)* – **2 des oiseaux migrateurs** *(m.)* Zugvögel – **3 courir** laufen, rennen

Unité 4

En forme / Les mots les lettres

1 Au restaurant

Max et Bruno sont au restaurant avec leurs parents et leur grand-mère.

*Lies den folgenden Text. Verwende das Verb in Klammern und bilde die richtige Form. Schreib deine Antworten in das vorgesehene Raster. Die erste Antwort **(0)** ist vorgegeben.*

Grand-mère: Qu'est-ce que vous prenez, de l'eau ou un jus de fruit?

Max: Moi, je (0) ______ (boire) du coca!

Grand-mère: Tu es sûr? J'(Q1) ______ (espérer) que papa et maman sont d'accord … Je sais qu'ils n'(Q2) ______ (acheter) jamais de coca pour vous.

Bruno: C'est vrai, nous ne (Q3) ______ (boire) pas de coca à la maison.

Grand-mère: Je pense comme vos parents, je n'(Q4) ______ (acheter) pas de coca parce que je n'en bois pas. Mais bon, aujourd'hui, les enfants (Q5) ______ (boire) du coca, d'accord?

Maman: Bon, d'accord. Parce que grand-mère est là …

Max: Regarde, il y a des moules sur la carte. Nous (Q6) ______ (espérer) qu'il y a des frites avec …

Grand-mère: Je sais, Bruno et toi, vous (Q7) ______ (préférer) les frites.

Max: … et toi, tu (Q8) ______ (préférer) les moules, non? Et comme dessert, tu nous (Q9) ______ (payer) des crêpes ou des gaufres?

Grand-mère: Ah, ces enfants! D'accord. Alors des moules-frites et un dessert pour vous deux.

Max: Merci, mamie! Aller au restaurant avec papa et maman, c'est bien, mais nous (Q10) ______ (préférer) aller au restaurant avec toi!

Grand-mère: Vous êtes sympas, les garcons!

0	**bois**	**Q3**		**Q6**		**Q9**	
Q1		**Q4**		**Q7**		**Q10**	
Q2		**Q5**		**Q8**			

Unité 5

En forme / Les mots et les lettres

1 Un papier sur la table

Quand Lucie arrive à la maison, elle trouve un papier sur la table de la cuisine. C'est un message de sa mère. (Als Lucie nach Hause kommt, findet sie auf dem Küchentisch einen Zettel. Es ist eine Nachricht von ihrer Mutter.)

Lies die Nachricht. In den meisten Zeilen ist ein Wort, das den Satz falsch macht. Schreib dieses Wort in die vorgesehene Spalte.
***Achtung:** In 3 Zeilen stimmt der Satz! Setze bei diesen richtigen Zeilen ein Häkchen ✓.*
*Zwei Antworten **(0, 00)** sind dir als Antwort vorgegeben.*

Bonsoir, Lucie, je t'appelle sur ton portable depuis une heure,	✓	**0**
mais ton numéro est toujours en occupé. Je t'ai écrit un SMS	en	**00**
mais tu ne me réponds pas. Est-ce que tu le peux m'expliquer?	______	**Q1**
Bon, je veux te dire: quand papa va arriver à 18 heures. Il rentre	______	**Q2**
plus tôt ce soir. Il va s'occuper beaucoup de vous et dîner avec vous.	______	**Q3**
Pour manger, je peux vous proposer le poulet et la salade de carottes	______	**Q4**
qui sont dans le frigo. Il y a aussi du fromage bon! Et je vous ai	______	**Q5**
préparé une mousse au chocolat. Si vous voulez, vous pouvez regarder de la	______	**Q6**
télé après, mais n'oublie pas de faire tes devoirs.	______	**Q7**
Je ne peux pas vous attendre parce que mon nouvel chef nous a invités au	______	**Q8**
restaurant, mes collègues et avec moi.	______	**Q9**
Il nous a donné rendez-vous à 18 heures soir.	______	**Q10**
Demain, je vais te raconter une histoire qui va t'intéresser …	______	**Q11**

Unité 6

En forme / Les mots les lettres

1 Toute la ville, un musée de la BD!

Nathalie raconte sa journée à Angoulême à une amie.

*Lies den Text. Es fehlen Wörter: Ergänze den Text. Schreib deine Antworten in die dafür vorgesehenen Kästchen. Die erste Antwort **(0)** dient als Beispiel.*

Angoulême, un mur peint[1]

Dimanche, je suis allée à Angoulême, où habite ma copine Zoé. J'ai (0) ______ le TGV à Paris-Montparnasse, et à Angoulême, j'ai rencontré Zoé qui est (Q1) ______ me chercher à la gare. J'aime beaucoup les BD, (Q2) ______ les mangas, alors j'ai demandé à Zoé: «Est-ce que nous allons (Q3) ______ musée de la BD?»

Mais Zoé m'a répondu: «Non, j'ai une (Q4) ______ pour toi. Je te propose un tour dans la ville. Tu (Q5) ______ voir, c'est très intéressant, c'est même génial!»

Visiter la ville? Bof. Mais j'ai accepté[2] et nous sommes (Q6) ______, à pied! Et j'ai vite compris: (Q7) ______ la ville est un musée de la BD! Partout[3], sur les murs des maisons, il y a de très jolis (Q8) ______ de BD. Mais, Angoulême est sur une montagne[4], alors nous (Q9) ______ montées et descendues … Finalement, nous sommes (Q10) ______ devant un cinéma et nous avons regardé … oui, bien sûr, un dessin animé!

0	**pris**	**Q3**		**Q6**		**Q9**	
Q1		**Q4**		**Q7**		**Q10**	
Q2		**Q5**		**Q8**			

1 un mur peint *hier:* eine bemalte Wand – **2 accepter qc** etw. akzeptieren – **3 partout** überall – **4 une montagne** *hier:* ein Berg

Unité 7

En forme / Les mots et les lettres

1 Arcachon? Non!

Dimanche matin. La famille Moulet veut aller au bassin d'Arcachon. Mais Sophie n'est pas contente. Elle n'a pas envie de sortir.

*Lies den Text. Es fehlen Wörter. Wähle aus den Spalten A, B, C und D das jeweils korrekte Wort und ergänze jede Lücke (1–10) im Text. Schreib deine Antworten in die dafür vorgesehenen Kästchen. Die erste Antwort **(0)** dient als Beispiel.*

M. Moulet: Tu n'es pas contente d'aller à la mer, Sophie? *Sophie:* Non, (0) __B__, … Le bassin d'Arcachon, en été, avec tous les touristes, c'est (Q1) ______ ! *M. Moulet:* Mais on peut manger des moules, c'est ton (Q2) ______ préféré, non? … *Sophie:* Mais non, (Q3) ______ vrai. *Marc, le petit frère de Sophie:* Ah, elle n'est pas en forme! Je (Q4) ______ que Sophie a un nouveau copain … *Sophie:* Arrête, Marc, papa et toi, vous faites toujours des (Q5) ______ sur moi, ce n'est pas sympa! *M. Moulet:* Ecoute, Sophie: ne t'en (Q6) ______ pas, Marc n'est pas sérieux. Il ne faut pas être triste! *Sophie:* Je ne t'écoute pas, moi … *Marc:* J'ai une idée, papa: (Q7) ______ inviter la copine de Sophie! Quand elles sont (Q8) ______, ça va toujours bien! *Sophie:* C'est vrai … Papa, s'il te plaît, est-ce que Louise peut venir à Arcachon avec nous? Elle aime la mer et la plage. Avec elle, ça (Q9) ______ super …

M. Moulet: Oui, oui, bien sûr ma petite. Va (Q10) ______ téléphoner … *Sophie:* Merci, papa, je t'aime.

0	A	pas	B	**pas vraiment**	C	ne pas	D	pas encore
Q1	A	connu	B	simple	C	intéressant	D	nul
Q2	A	plat	B	assiette	C	manger	D	menu
Q3	A	ce n'est	B	c'est assez	C	ce n'est pas	D	c'est jamais
Q4	A	sais	B	espère	C	connais	D	peux
Q5	A	bises	B	blagues	C	drôles	D	histoires
Q6	A	mets	B	penses	C	joues	D	fais
Q7	A	il faut	B	tu essayes	C	on laisse	D	il va
Q8	A	seulement	B	toutes	C	avec	D	ensemble
Q9	A	c'est pourquoi	B	va être	C	nous faut	D	m'est
Q10	A	elle	B	la	C	lui	D	se

0	Q1	Q2	Q3	Q4	Q5	Q6	Q7	Q8	Q9	Q10
B										

Unité 8

En forme / Les mots les lettres

1 Une situation dangereuse

Un jeune garcon, Grégoire, raconte une histoire qui s'est passée pendant ses vacances au bord de la mer.

*Lies den Text. Es fehlen Wörter: Wähle aus der Tabelle das korrekte Wort (A–P) und ergänze jede Lücke (1–13) im Text. Schreib deine Antworten in die dafür vorgesehenen Kästchen. Die erste Antwort **(0)** dient als Beispiel.*
Achtung: In der Tabelle sind zwei Wörter zu viel.

C'était les vacances. Il (0) ______ beau, la mer était bonne, on lisait sur la plage ou on (Q1) ______ les gens dans l'eau. Moi, je jouais souvent au volley avec les autres jeunes (Q2) ______ je connaissais déjà parce que (Q3) ______ au même endroit tous les ans. Le soir, nous (Q4) ______ pour faire la fête sur la plage ou sur la terrasse de notre café préféré, *La mouette* (Q5) ______ préparait le meilleur diabolo menthe du monde. Mais un jour, un incident[1] (Q6) ______ cette ambiance d'été calme et sereine[2]: quatre jeunes qui n'avaient pas l'air sympa (Q7) ______, je ne sais pas d'où. Leur «chef» a dit à Elodie, une fille, qui était avec nous: «toi, tu me plais.» Et il a essayé (Q8) ______ . La fille a eu peur et elle a commencé (Q9) ______ .
Tout de suite, Frédéric s'est mis devant la fille pour (Q10) ______ protéger[3]. (Je crois qu'Elodie est un peu sa copine …) L'autre garçon, le «chef», a laissé Elodie, il (Q11) ______ Frédéric, puis il a fait un signe à ses copains … Mais à ce moment-là, un de nos copains (Q12) ______ : «Ah, voilà la police qui arrive!» Du coup, le «chef» et son groupe (Q13) ______ . Ouf! Mais les vacances n'étaient plus les mêmes.

A	a changé	E	changeait	I	nous venions	M	qui
B	a crié	F	de l'embrasser	J	nous retrouvions	N	regardait
C	à pleurer	G	**faisait**	K	partaient	O	sont arrivés
D	a regardé	H	la	L	que	P	sont partis

0	Q1	Q2	Q3	Q4	Q5	Q6	Q7	Q8	Q9	Q10	Q11	Q12	Q13
G													

1 un incident ein Vorfall – **2 serein(e)** heiter – **3 protéger qn** jdn schützen

Audiomaterialien (mp3, CD-ROM)

Track	Unité	Page	Exercice	Titre (Titel)	Durée (Dauer)
1	1	8	1 A–C	Ecouter: **Grand-mère, elle est super.**	02:52
2	1	10	4 (1.)	Parler: **Sympa ou pas sympa? (Dialogue 1)**	01:08
3	1	10	4 (2.)	Parler: **Sympa ou pas sympa? (Dialogue 2)**	01:26
4	1	10	4 (3.)	Parler: **Sympa ou pas sympa? (Dialogue 3)**	01:15
5	1	16	1 A–C	Interro: **Bonne chance, Gabriel!**	03:13
6	2	22	4	Parler: **Qu'est-ce que tu en penses? (Situation 1)**	01:07
7	3	28	1 A–C	Ecouter: **Lundi matin au collège Balzac**	03:27
8	3	29	2	Parler: **Je propose de … (Situation 1)**	01:01
9	3	36	1 A+B	Interro: **Une course sous la pluie?**	03:21
10	4	40	3	Parler: **Je prépare l'interro orale.** **Partie A: questions brise-glace**	01:11
11	4	40	3	Parler: **Je prépare l'interro orale.** **Partie B: monologue**	01:24
12	4	40	3	Parler: **Je prépare l'interro orale.** **Partie C: dialogue/discussion**	01:23
13	4	46	Partie A	Interro orale: **questions brise-glace**	00:58
14	4	46	Partie B	Interro orale: **monologue minute**	01:12
15	4	46	Partie C	Interro orale: **dialogue**	02:19
16	4	47	Partie A	Interro orale: **questions brise-glace** **Version partenaire**	01:02
17	4	47	Partie B	Interro orale: **monologue minute** **Version partenaire**	01:06
18	4	47	Partie C	Interro orale: **dialogue** **Version partenaire**	01:55
19	5	50	2	Parler: **Un SMS de Noah**	00:51
20	6	59	3	Parler: **On fait des interviews. (Situation 1)**	02:30
21	7	68	1 A–C	Ecouter: **Une interview avec le clown Clopin**	04:04
22	7	71	5 A	Parler: **Rêves de jeunes filles**	02:17
23	7	76	1 A–C	Interro: **Des rêves plein la tête**	03:58
24	8	78	1 A–C	Ecouter: **Salut, les jeunes!**	05:33
					Gesamtzeit: 55:35

Videomaterial (mp4, CD-ROM)

mp4	Unité	Page	Exercice	Titre (Titel)	Durée (Dauer)
	5	48	1 A–C	**«Mission vacances»**	03:20